担保物権法

[第2版]

田髙寛貴・白石 大・鳥山泰志

[著]

日評ベーシック・シリーズ

日本評論社

第2版　はしがき

　2015年に本書を刊行してから4年が経過した。この間、2017年には民法（債権関係）の改正があり、また担保物権に関わる重要判例もいくつかあらわれた。こうした最新の動向を反映させ、また、わかりやすい叙述となるよう表現のしかたに一層の工夫を重ねて、このたび改訂版を刊行する運びとなった。本書のコンセプトや著者一同の思いは初版のときと基本的に変わるところはない。以下に初版の「はしがき」を再掲しておこう。

＊　　＊　　＊

　本書の扱う担保物権法は、民法の中でも学習するのに難儀する領域の一つといわれている。そもそも学生にとって担保というのは馴染みが薄く、イメージしにくいとか、とっつきにくいと感じる人も多いことだろう。そしていざ学習にとりかかってみると、物権法と債権法の両方にわたり幅広い知識が求められ、しかも倒産や民事執行などの手続法上の規定が随所に登場したりする。その意味で、担保物権法は、民法・民事法のなかで応用編に位置づけうるものであり、初学者には、二重、三重にハードルが高いと思われても致し方ないところではあろう。

　しかし、そうした担保物権法の難しさは、実は、おもしろさと表裏一体でもある。担保物権法には、いかにして、さまざまな立場にある登場人物の利害を調整し、また金融取引を支え発展させていくのか、ということの知恵が詰まっている。広い視野から問題をとらえ、利害調整を適切に図っていく法的技量に磨きをかけるのに、担保物権法の学習は大いに資するものとなるだろう。また、金融取引の要請に応じて変動していく担保物権法のあり様からは、社会のいまをうかがうこともできる。初学者の皆さんにも、そうした担保物権法の魅力を感じながら、できるだけ楽しく学んでもらいたい——そのような思いで執筆をしたのが、本書である。

本書の執筆にあたり何より心がけたのは、初学者でも無理なく読み通せるよう、全体の分量をコンパクトに抑えつつ、しかし担保物権法の根幹をなす事項については、大胆に紙数を割き熱く語るという、メリハリのある叙述である。授業でも重要問題の説明には多くの時間が費やされるのが常だろうが、そうした様相を教科書の上に再現する、というイメージである。

　また、債権譲渡や相殺といった債権総論の領域に属する事項や、手続法上の諸制度についても、できる限り取りあげ説明を加えた。これらの理解なくして担保物権法を正確に把握することはできないと考えたからであるが、さらにすすんで、債権総論や手続法の学習への橋渡しの役割を些かでも担えたら、という意図も、ここには含まれている。

　そのほか、表現のしかたについても創意を重ねたつもりである。前述のように、担保物権をめぐっては権利関係が複雑に錯綜することも少なくないが、そうした状況の理解を助けるため、本書では、図表を多く用いている。また、(学習上必須というべき最重要の判例は別として) 判決年月日などの情報を割愛し、本文中に細かく差し挟むことを避けたのは、スムーズに本文を読み進んでもらえるようにするためでもある。

　読者の皆さんに、本書が、担保物権法とのよき出会いのきっかけとなり、また、本シリーズのコンセプトである「読む楽しさを追求したあたらしい教科書」としてひろく受け入れてもらえることを、著者としては願うばかりである。

2019年3月

　　　　　　　　　　　　　　　　　　　田髙寛貴・白石　大・鳥山泰志

担保物権法 [第2版]

第2版はしがき…**i**
略語一覧・図表の符号…**ix**

第1章　担保物権法序説…**1**

　1　担保物権の機能——債務者の資力の悪化と弁済停止からの保護…**1**
　　　(1) 債務者の資力の悪化からの保護　(2) 債務者の弁済停止からの保護
　2　担保物権の種類…**4**
　　　(1) 典型担保　(2) 非典型担保
　3　他分野の権利との比較…**8**
　　　(1) 所有権等および債権との対比　(2) 人的担保との対比
　4　担保物権の通有性…**12**
　　　(1) 付従性　(2) 随伴性　(3) 不可分性　(4) 物上代位性
　5　叙述の順序…**15**

　支払不能と支払停止…**3**　　旧民法における担保物権に関する規定の所在とその意義…**11**

第2章　抵当権…**16**

Ⅰ　抵当権の意義…**16**

　1　抵当権をめぐる諸原則…**16**
　　　(1) 公示の原則　(2) 特定の原則　(3) 順位昇進の原則
　2　抵当権の種類…**19**
　　　(1) 立木抵当　(2) 動産抵当　(3) 工場抵当・財団抵当・企業担保
　3　抵当権の本質——価値権説…**21**

　一部の債権者をどこまで優遇するか…**18**

Ⅱ　抵当権の設定と効力の及ぶ範囲…**22**

　1　抵当権の設定…**22**
　　　(1) 抵当権設定契約　(2) 抵当権の被担保債権　(3) 抵当権の目的物
　2　抵当権の公示・対抗…**24**
　　　(1) 抵当権の登記　(2) 抵当権の対抗関係　(3) 無効な抵当権登記の流用
　3　抵当権の被担保債権の範囲…**27**
　　　(1) 被担保債権の範囲の原則　(2) 利息・遅延損害金に対する制限　(3) 利息・遅延損害金に対する制限の適用局面
　4　抵当権の効力が及ぶ目的物の範囲…**29**
　　　(1) 付加一体物　(2) 従たる権利　(3) 果実　(4) 分離した物

保証人・物上保証人・第三取得者…**22**　　従物が不動産の場合の扱いと抵当権の執行妨害
　　…**32**

III 抵当権侵害…**37**
　1　抵当権に基づく物権的請求権…**37**
　　　(1) 付加一体物の分離・搬出に対する妨害排除・妨害予防請求　(2) 占有による抵当権侵害に対する妨害排除請求
　2　第三者による抵当権侵害に対する損害賠償請求…**40**
　　　(1) 不法行為の成否——物上代位との関係　(2) 請求できる損害賠償の額　(3) 損害賠償請求権の行使時期
　3　設定者による抵当権侵害…**44**
　　　(1) 損害賠償請求　(2) 期限の利益の喪失・増担保請求

　　民事執行法上の妨害排除手段…**40**　　抵当権の侵害とは？…**42**

IV 物上代位…**44**
　1　物上代位とは…**44**
　　　(1) 抵当権に基づく物上代位　(2) 物上代位の法的性質
　2　物上代位の対象…**46**
　　　(1) 損害賠償債権・保険金債権など　(2) 売却代金債権　(3) 賃料債権
　3　物上代位の手続…**50**
　　　(1) 差押えの方法　(2) 仮差押えの可否　(3) 差押えが必要とされる理由
　4　第三者の権利との競合…**53**
　　　(1) 何が問題か　(2) 他の債権者による差押えとの競合　(3) 債権譲渡・転付命令との競合
　　　(4) 第三債務者による相殺との競合

　　賃料債権への物上代位が用いられるようになった背景…**49**　　物上代位に関する判例の流れとその評価…**57**

V 優先弁済権の実現…**58**
　1　抵当権の優先弁済効…**58**
　　　(1) 優先弁済効とその実現方法　(2) 倒産手続との関係
　2　担保不動産競売…**61**
　　　(1) 担保不動産競売の手続　(2) 配当における優先順位　(3) 抵当不動産上の他の権利はどうなるか　(4) 債権者としての権利行使の制限
　3　担保不動産収益執行…**65**
　　　(1) 制度創設の経緯　(2) 担保不動産収益執行の手続　(3) 担保不動産競売・物上代位との関係
　4　共同抵当…**68**
　　　(1) 共同抵当とは　(2) 共同抵当における配当　(3) 物上保証人・第三取得者がいる場合の配当

　　会社更生手続・民事再生手続における抵当権の処遇…**60**

VI 利用権との関係…74

1 競売の前後での関係の変化…74
2 賃借人の保護…75
　(1) 明渡猶予　(2) 同意による対抗制度
3 法定地上権…79
　(1) 制度の必要性と地上権成立の根拠　(2) 法定地上権の内容と成立要件の概要　(3) 地上建物の存在（要件①）　(4) 土地と建物の同一所有者への帰属（要件②）
4 一括競売…94

悪質な賃借人に対する抵当権者の対抗方法…76　　法定地上権をめぐる法と現実のズレ…82　　法定地上権成立の根拠・再論…92　　389条の改正目的…95

VII 第三取得者との関係…96

1 第三者弁済…96
2 代価弁済…97
3 抵当権消滅請求…98

本当はもっとお得な代価弁済…98　　滌除の脅威…99

VIII 抵当権の処分・消滅…100

1 抵当権の処分…100
　(1) 転抵当　(2) 抵当権の譲渡・放棄、抵当権の順位の譲渡・放棄　(3) 抵当権の順位の変更
2 抵当権の消滅…105
　(1) 物権に共通の消滅原因　(2) 担保物権に共通の消滅原因　(3) 抵当権特有の消滅原因

IX 根抵当権…108

1 根抵当権とは…108
2 根抵当権の設定…109
　(1) 被担保債権の範囲　(2) 極度額
3 根抵当権の確定…111
　(1) 根抵当権の確定とは　(2) 確定事由　(3) 確定の効果

第3章　質権…113

I 質権の種類・意義…113

1 質権の種類…113
2 質権の意義…114

身近にない質権…114

II　動産質・不動産質…115

- 1　動産質・不動産質の設定…115
  - (1) 質権設定契約　(2) 引渡し・占有の意義
- 2　動産質・不動産質の効力…117
  - (1) 目的物の範囲　(2) 被担保債権の範囲　(3) 質権者の権利と義務　(4) 占有の回復　(5) 転質
- 3　動産質・不動産質の実行…121
- 4　動産質・不動産質の消滅…122

III　権利質（債権質）…122

- 1　債権質の設定…123
- 2　債権質の効力…123
  - (1) 効力が及ぶ範囲　(2) 設定者と第三債務者に対する拘束
- 3　債権質の実行…124
- 4　債権質の消滅…124

第4章　非典型担保…125

I　非典型担保とは何か…125

- 1　非典型担保のしくみと種類…125
  - (1) 譲渡担保とは　(2) 仮登記担保とは　(3) 所有権留保とは　(4) 非典型担保と典型担保のしくみの違い
- 2　非典型担保の課題…128
  - (1) 清算義務――当事者間の関係　(2) 譲渡担保の法的構成――対外的関係
- 3　非典型担保の意義と機能…129

II　譲渡担保…130

- 1　譲渡担保の意義と法的構成…130
  - (1) 譲渡担保の意義と有効性　(2) 譲渡担保の法的構成　(3) 譲渡担保と売渡担保
- 2　譲渡担保の目的物と公示・対抗…133
  - (1) 不動産譲渡担保　(2) 動産譲渡担保　(3) 集合物譲渡担保
- 3　譲渡担保の効力の及ぶ範囲…136
  - (1) 被担保債権の範囲　(2) 目的物の範囲と物上代位　(3) 流動動産における構成物の譲渡
- 4　譲渡担保の実行…138
  - (1) 譲渡担保の実行・清算方法　(2) 設定者の受戻権　(3) 受戻権の時効消滅
- 5　譲渡担保の対外的効力①――譲渡担保権者側の第三者と設定者の関係…140
  - (1) 譲渡担保権者からの譲受人　(2) 譲渡担保権者の債権者による差押え　(3) 譲渡担保権者の倒産
- 6　譲渡担保の対外的効力②――設定者側の第三者と譲渡担保権者の関係…143
  - (1) 設定者による譲渡・後順位譲渡担保権設定　(2) 設定者の一般債権者による差押え　(3) 譲渡担保設定者の倒産

譲渡担保についての判例の立場…**132**　　流動動産の理論構成——分析論と集合物論…**135**　　流動動産譲渡担保における損害賠償金への物上代位…**137**　　設定者の留置権の成否…**142**

III 仮登記担保…145

1　仮登記担保の意義と仮登記担保法…**145**
(1) 仮登記担保とは　(2) 代物弁済予約から仮登記担保へ

2　仮登記担保の設定と効力…**146**
(1) 仮登記担保の設定・公示　(2) 仮登記担保の効力等

3　仮登記担保の実行…**147**
(1) 設定者との関係　(2) 後順位担保権者等との関係　(3) 競売手続と仮登記担保権

IV 所有権留保…150

1　所有権留保の意義と法的構成…**150**
(1) 所有権留保の意義　(2) 所有権留保の法的構成

2　所有権留保の設定・実行…**150**
(1) 所有権留保の設定・目的物　(2) 所有権留保の公示・対抗　(3) 割賦販売と信用供与　(4) 所有権留保の実行

3　所有権留保の対外的効力…**152**
(1) 留保買主による目的物の譲渡　(2) 流通が予定された物の場合における留保買主の譲渡　(3) 流動動産譲渡担保と所有権留保の関係　(4) 留保買主の一般債権者の差押え、買主の倒産　(5) 留保所有権者の目的動産の撤去義務

V 債権担保…155

1　債権譲渡担保…**155**
(1) 債権譲渡担保とは　(2) 集合債権譲渡担保　(3) 将来債権譲渡の有効性　(4) 対抗要件

2　相殺の担保的機能…**161**
(1) 相殺とは　(2) 相殺の担保的機能　(3) 相殺の要件　(4) 他の債権者による差押えとの関係　(5) 代理受領・振込指定

集合債権譲渡担保の普及が進みつつある背景…**157**　　将来債権の移転時期…**159**

第5章　法定担保…165

I 先取特権…165

1　先取特権とは…**165**
(1) 先取特権の必要性　(2) 先取特権が認められている理由

2　先取特権の種類…**166**
(1) 一般先取特権　(2) 動産先取特権　(3) 不動産先取特権

3 先取特権の効力…**170**
　　(1) 優先弁済効とその実現　(2) 先取特権相互間の優先順位　(3) 他の権利との関係　(4) 物上代位

動産競売手続の開始…**170**　　不動産工事先取特権のかかえる問題…**174**

II 留置権…**176**

1 留置権とは…**176**
　　(1) 留置権の意義　(2) 留置権の趣旨・性質　(3) 同時履行の抗弁権との関係
2 留置権の成立要件…**179**
　　(1) 他人の物の占有　(2) 債権と物との牽連関係　(3) 債権の弁済期の到来　(4) 占有が不法行為によって始まったものでないこと
3 留置権の効力…**184**
　　(1) 留置的効力　(2) 収益的効力　(3) 優先弁済的効力
4 留置権者の権利義務…**188**
　　(1) 留置物の保管　(2) 費用償還請求権
5 留置権の消滅…**189**
　　(1) 留置権消滅請求　(2) 代担保の提供　(3) 占有の喪失　(4) 破産手続との関係

商事留置権…**178**　　土地についての商事留置権と抵当権の競合…**187**

事項索引…**191**
著者紹介…**194**

略語一覧

＊本文中、民法については表記を省略している。

Ⅰ　主要法令名

会更	会社更生法
仮担	仮登記担保契約に関する法律（仮登記担保法）
借地借家	借地借家法
商	商法
動産債権譲渡	動産及び債権の譲渡の対抗要件に関する民法の特例等に関する法律（動産債権譲渡特例法）
破	破産法
不登	不動産登記法
民再	民事再生法
民執	民事執行法
民保	民事保全法

Ⅱ　判例集

民録	大審院民事判決録
民集	大審院民事判例集
	最高裁判所民事判例集
裁集民	最高裁判所裁判集民事
判時	判例時報

図表の符号

本書中の図表で用いている符号は概ね次のような内容を表している。

←――	担保物権
←―――	債権（被担保債権など）
＝＝＝	所有関係
⇐――	権利の変動など
⇐―――	請求関係

第1章
担保物権法序説

　担保物権とは「担保」を目的とする「物権」である。担保という言葉は多義的に使われるが、通常、何かをより確実にすることや、そのために供されるものをいう。担保物権が担保するのは債権の履行である。担保物権によって担保される債権は、被担保債権と呼ばれる。以上から、担保物権とは、債権にはない、物権のもつ効力によって、被担保債権の目的である給付の実現をより確実にするために供される権利であるといえる。

1　担保物権の機能——債務者の資力の悪化と弁済停止からの保護

　担保物権にはどのような機能があるのか。典型的には、債務者の資力の悪化に起因する弁済不能のリスクを回避することが、それに当たる。これに加えて、債務者による弁済停止からの保護も重要である。

(1)　債務者の資力の悪化からの保護
　Aの債権者にはB（債権額5000万円）がおり、Aは甲土地（評価額6000万円）しか有していないとしよう。この段階では、AがBの債権額を上回る資産をもっているから、Bとしては、A所有の甲土地について強制執行手続（414条1項）をとれば、債権の全額を回収することもできた。ところが、その後、Aに対する債権者として新たにC（債権額2500万円）が現れた場合には、BとCの債権の総額は、Aの資産の評価額を超える（債務超過）。無い袖は振れない。BとCが2人とも債権全額を回収できるということはありえない。問題は、どちらがどれだけの債権額を回収できるかである。

【図表1-1】 債権者の競合と担保権

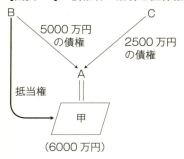

債権には発生の前後による優劣はない。BとCは債権者として対等の地位にある。すなわち、債権額の割合（B：C＝2：1）に応じて債権を回収する（債権者平等の原則）。したがって、BとCは、それぞれ甲土地から4000万円と2000万円の弁済を受ける。

これに対して、Bが甲土地に抵当権（最も代表的な担保物権であり、だからこそ、本書も次章でこの説明から始める）を有しているとするならば、Bは、抵当権に基づいて優先的な弁済を受けることができる（369条）。まず、Bが5000万円満額を回収し、一般債権者（担保を有する債権者に対し、無担保の債権者をそう呼ぶ）であるCは残金の1000万円を得ることしかできない。このように、担保物権は、優先弁済的効力（優先弁済効）という効力によって担保権者Bを債務者の無資力というリスクから保護する。

(2) 債務者の弁済停止からの保護

優先弁済的効力は、「払いたくても払えない」債務者に対する一部の債権者を保護する。ところが、債務者のなかには、弁済するための資力はあるのに「払いたくないから払わない」という不届きな者もいる。その意向にかかわらず、債権者は債権を回収できなければならない。また、債権者は、単に債権の満額の弁済を受けられればよいわけではない。予定された期日に弁済を受けられるかどうか、あるいは、多少遅れたとしてもなるべく早く弁済を受けられるかどうかにも大きな利害をもつ。

さきほどの例のBが無担保の一般債権者である場合において、債務者Aが任意に債務の弁済をしなかったとき、Bは、その債権を実現するのに履行の強制を裁判所に求めることができる（414条1項）。それには、債務名義と呼ばれる文書がなければならない。債権者がこれを取得するには、原則として裁判で勝訴し、この判決が確定している必要がある（民執22条）。これに対して、Bが抵当権を有するならば、Bは、登記事項証明書に代表される担保権の存在を証する文書を裁判所に提出すれば、抵当権の実行としての競売を求めることができ

る（優先弁済権の実現の詳細については→58頁以下）。裁判を経なくても競売手続に着手することができる分、速やかに債権の目的である給付を実現することができるのである。

別の例を考えてみよう。Aがパソコンの修理をBに依頼し、Bは、Aからパソコンの引渡しを受け、約束の期日までに修理を完了したとする。Aが、その期日に修理代金を支払わないまま、パソコンの返還をBに請求してきたとしても、この場合のBには留置権という担保物権が認められる。この留置権があるために、Bはパソコンの返還を拒むことができる（295条1項）。Aにしてみれば、被担保債権である修理代金債務を弁済するまでパソコンを返してもらえないことになる。早くパソコンを使った作業をしたいであろうAは、本音でいえば「払いたくない」としても、速やかな代金の支払に応じなければならなくなる。

【図表1-2】 弁済の促進と担保権

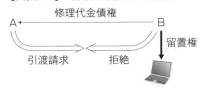

このように、担保物権には、債務者が弁済を停止した（停止しようとしている）場合でも、権利者が迅速かつ自力により事態を打開することを可能にする機能もある。

支払不能と支払停止

破産法は、主に、債務者の財産状態の悪化に際して、(1)で述べた形でその資産を債権者に平等に分配するための清算手続を定める。同法15条1項は、債務者の支払不能を破産手続の開始原因とする。その一方で同条2項は、支払停止から支払不能を推定する。債務者が弁済の資力をもたないから、いいかえれば「払いたくても払えない」から、支払を停止するしかない場合は実際に多い。このため、そのような推定がされる。だが、上で述べたように、支払可能であっても支払停止をする債務者もいるからこそ、推定にとどまる。

なお、支払不能の概念は、平成29（2017）年の債権法改正によって、民法にも取り入れられた（424条の3など）。詳しくは、債権総論のテキストで学んでほしい。

2 担保物権の種類

担保物権法という学問分野の対象となるのは、民法上では第2編物権の第7章から第10章までである。各章は、留置権、先取特権（さきどりとっけん）、質権および抵当権に関する規定を設けている。これらの民法で規定されている担保物権は、典型担保と呼ばれる。これと対になる非典型担保は、民法に規定がない担保権をいう。譲渡担保・仮登記担保・所有権留保がその代表である。これら非典型担保の考察も現代における担保物権法学の重要な課題である。これらのほか、企業担保法や工場抵当法といった特別法上の担保制度も本分野に含まれる。ここでは典型担保と非典型担保の概要を説明しておこう。

(1) 典型担保

債権には当事者の合意に基づいて成立する約定債権（契約）と法に基づいて成立する法定債権（事務管理・不当利得・不法行為）とがある。これと同様に、担保物権にも合意に基づいて成立する約定担保物権と法に基づいて成立する法定担保物権とがある。

(a) 法定担保物権

法定担保物権に当たるのが留置権と先取特権である。どちらも、当事者の意思ではなく、法律に定められた要件が満たされることにより成立する。

①留置権は、他人の物を占有する者が、その物に関して生じた債権を有するとき、その債権の弁済を受けるまで、当該物を自己のもとに留め置くことを可能にする権利である（295条1項）。物の占有を債権者にとどめることで、その返還を望む債務者の心理に働きかけ、任意の弁済を促す効力を有する。この効力を留置的効力という。3頁の例でいえば、債務者Aに「払わざるをえない」と思わせることで、留置権者BがAを訴えるまでもなく債権を回収できる可能性を高める。

もっとも、留置権には理念上、優先弁済的効力は認められない。この点で留置権は、他の典型担保と大きく異なる（ただし、事実上の優先弁済効について→64頁、186-187頁）。

②先取特権とは、一定の原因によって発生した債権を有する者に、その債務

【図表1-3】 典型担保の効力

	①留置権	②先取特権	③質権	④抵当権
優先弁済的効力	×	○	○	○
留置的効力	○	×	○	×
収益的効力	原則×	×	不動産質：原則○ 動産質：原則×	×

者の財産について、他の債権者に先立って自己の債権の弁済を受けることを可能にする権利をいう（303条）。本来、債権者は、その債権がいかなる原因によって発生したものであろうと、他の債権者と平等の弁済しか受けられない。先取特権は、この債権者平等の原則を破り、一定の原因によって生じた債権を有する者が優先的な弁済を受けられるようにする。

　先取特権は、留置権とは対照的に、優先弁済的効力をもつにとどまる。債務者の財産の占有を理由づけはしない。この非占有性のため、占有を基礎とする留置的効力は認められない。

　先取特権にはさまざまなものがある。一例だけ紹介しておこう。306条2号、308条は、給料債権について先取特権が成立することを認める。社会政策的見地から、給料債権者に優先的な弁済を受けさせることを目的とする。たとえば、Aという企業の従業員Bにとって、給料債権は、自分と家族の生活を維持するため、弁済を受ける必要性が極めて高い。Aの資金繰りが悪化して、総債務額が資産評価額の5倍になったとき、BがAに対する他の債権者とともに債権者平等の原則に従って額面の2割（月給30万円ならば6万円！）の給料の支払しか受けられないというのでは大いに問題である。困窮の程度は、貸金債権が不良債権となった貸金業者よりもはるかに深刻である。だが、一介の従業員にすぎないBが、そうした事態に備えてAと交渉し、給料債権に関する担保設定の合意を取り付けておくことは、その力関係からして限りなく不可能に近い。だからこそ、法律に基づく担保物権の成立が要請されるのである。

(b) 約定担保物権

　典型担保のうち、質権と抵当権が約定担保物権に当たり、どちらの担保物権

も当事者の合意によって成立する。

　③質権は、質権者が、その債権の担保として引渡しを受けた物を占有し、かつ、その物について他の債権者に先立って自己の債権の弁済を受けることを可能にする権利である（342条）。つまり、質権による債権の担保は、優先弁済的効力と留置的効力（347条も参照）によって果たされる。さらに、不動産を目的物とする質権（不動産質）には収益的効力もある。すなわち、不動産質の設定を受けた者は、自ら占有する目的不動産を使用・収益することさえできる（356条。これに対して、留置権や動産質も担保目的物の占有を可能にするが、収益的効力は認められないのが原則である〔298条2項本文・350条参照〕）。

　④抵当権は、抵当権者が、占有の移転を受けないで債務の担保に供された不動産について、他の債権者に先立って自己の債権の弁済を受けることを可能にする権利である（369条1項）。先取特権と同じく、優先弁済的効力を主な効力とする非占有担保である。このため、留置的効力は認められない。また、目的物の使用収益権を設定者にとどめるからには、収益的効力もない（ただし371条→33-34頁）。

　このように、優先弁済的効力は質権と抵当権の両方にあるが、その他の効力を考えると質権のほうが強力に思える。また、質権は、動産、不動産さらには債権その他の権利に設定することさえ可能だが、抵当権は、不動産（と地上権および永小作権）にしか設定することができない。これらのことからすると、質権は、何にでも使える強力な権利であり、不動産金融に限っても、債権者にとって抵当権より都合が良い権利であるように思えるかもしれない。しかし、質権は現在、ほとんど使われない。これはなぜか。

　債権者にとって担保物の占有は負担にもなる。質権者は、目的物の管理について善管注意義務を課されるし（350条・298条）、管理に必要な費用も負担しなければならない（357条）。被担保債権の利息を受け取ることもできない（358条）。金を貸す者が地主その他の地方の有力者ぐらいしかいなかった時代ならば、利息収入がなくても質物である土地を債権者自ら耕作する（または小作人に耕作させる）などして利益をあげられるから、質権も十分に有用な制度たりえたであろう。しかし、現代における融資の主な担い手は、銀行を代表とする金融機関であって、物の管理等を業としてはいない。このため、非占有担保で

ある抵当権のほうが現代の金融に適合的である。金融機関は、所有者に目的不動産の占有をとどめて使用・収益を継続させ、これによって得られた利益の一部を利息として受け取れば十分なのである。また、戦後の持ち家政策は、住宅ローンに対する需要を高めたが、質権は、住宅ローン債権を担保するのに適しない。ローンを組んでまで購入した家に質権を設定すると、ローンの完済までその家に住むことができない。これではローンを組んだ意味がない。

(2) 非典型担保

　非典型担保は、典型担保では満たすことができない実務の需要に応えるために生まれた担保権である。主に譲渡担保・仮登記担保・所有権留保の３つを指す。いずれも合意によって設定される非占有型の担保権である。ここでは、譲渡担保について簡単な説明をし、非典型担保のおおよそのイメージをもってもらおう。

　譲渡担保とは、融資をしようとする者（債権者）が、相手方（債務者）の所有する物の所有権を自己に移転させることによって債権の担保を図る担保手法である。占有は、占有改定（183条）による引渡しが行われることで債務者にとどめられる。こうして、民法では許されない動産抵当（→20頁）が実現される。債務の弁済があれば、その所有権は債務者に復帰する。だが、期日までに弁済がされなければ、債務者は所有権を取り戻せなくなる。債権者は、所有権に基づいてその目的物の引渡しを受け、この売却代金から債権を回収することができる（私的実行）。抵当権等の典型担保の実行は、原則として競売による必要があるために手間と時間がかかるが、譲渡担保を使えば、これを避けることができる（→130頁）。さらに、在庫商品や原材料といった動産は、一つひとつの価値がそれほど高くないため、個々の目的物ごとに設定行為を必要とする質権では十分な担保を得にくい。譲渡担保は、それらをまとめて担保にとる手法としても用いられる。集合動産譲渡担保がそれである。

　どの非典型担保も、もともと民法で予定されていなかったため、判例が積み重ねられることによって、徐々にその内容が明らかになってきた。その内容を当事者が完全に自由に決めることを許すと、とくに、債権者と債務者——金を貸す側と借りる側——の力関係からして、債権者に有利で、不当な搾取を可能

【図表1-4】　担保物権の分類

【典型担保】	⇔	【非典型担保】
留置権、先取特権、質権、抵当権		譲渡担保、仮登記担保、所有権留保
【法定担保】	⇔	【約定担保】
留置権、先取特権		質権、抵当権（＋非典型担保）
【占有担保】	⇔	【非占有担保】
留置権、質権		先取特権、抵当権（＋非典型担保）

にする手立てとなりやすい。判例や学説は、取引の需要を尊重しながらも、債権者の暴走を食い止めることに苦心し続けてきた。その成果として、仮登記担保に関しては、昭和53（1978）年に仮登記担保法が制定されてもいる。

3　他分野の権利との比較

(1)　所有権等および債権との対比

担保物権も物権であるからには、債権にはない性質や効力をもつ。その一方で、担保物権は、担保を目的とする権利であるから、物を全面的に支配する所有権や、用益を内容とする地上権等の物権（以下、所有権等と呼ぶことがある）とも異なる性質や効力を有する。

(a)　排他性

物権は、排他的・直接的な権利であるといわれる。ここから、債権に対する物権の優先が導かれる（優先効）。担保物権の優先効は、担保権者が一般債権者に優先して弁済を受けられるという優先弁済効の形であらわれる（1-2頁の例を参照）。

物権相互の関係はどうか。これが177条や178条によって定まることは、担保物権についても基本的に同じである。ただし、先取特権に関しては、その例外がある（→172-173頁）。また、たとえば、所有権の二重譲渡があった場合には、一方の譲受人しか所有権の移転登記を受けられない。債権と異なり、物権は同一内容の権利が成立しないのである（一物一権主義）。だが、同一の不動産に複数の抵当権設定登記が行われることは可能である。各抵当権の間には、登記の先後によって順位が定められ（373条）、1番抵当権者は、2番抵当権者に優先して弁済を受けられる。

(b) 直接性

債権者は、物の引渡請求権を有していても、債務者に物の引渡しという行為を求められるだけで、物に直接の権利を有さない。これに対して、所有権等が物に直接の支配をもたらすことは、それらが占有権原になることからして明白である。所有者は、物を直接に支配するため、他人を介することなく、自ら所有物を使用・収益・処分することができる、ともいわれる。

これに対して、抵当権は、非占有担保であるため、直接性を所有権等と等しく理解することはできない。その直接性は、担保目的物を競売または収益執行（→61頁以下）によって換金する権限、つまり換価権に見出される。2頁で述べたように、一般債権者がその債権を実現するには、前提として確定判決を得ていなければならないのが原則である。これに対して、抵当権者は、換価権という目的不動産への直接の権利行使を可能にする権限をもつため、債務者を相手とする訴訟を提起して債務名義を取得していなくとも、権利を行使（＝抵当権を実行）することができる。

(c) 絶対性

物権は絶対性を有するため、万人に対する主張が可能であり、物権的請求権によって保護される。これに対して、債権は、債務者という特定の他人に対してしか主張できない（相対性）。賃借権に基づく妨害排除請求権（605条の4）はその例外である。担保物権はどうか。

担保物権も絶対性を有する。たとえば、抵当不動産が設定者から第三者に譲渡されたとしよう。この第三者は第三取得者と称されるが、抵当権者は、第三取得者が目的不動産を所有する場合でも抵当権を実行することができる（追及効）。一般債権者は、債務者の財産が第三者に譲渡された場合には、その財産から債権の回収を行えないのが原則である。詐害行為取消権（424条以下）を行使して、債務者による譲渡を取り消し、逸失財産を取り戻すことで、その財産に強制執行をする機会を開く余地はある。だが、これは、債務者が無資力である場合に例外的に認められるにすぎない。担保物権者であっても、第三取得者の手に渡った財産に追及できない場合はある（333条）。しかし、担保物権に関しては、追及できない場合のほうが例外である。要するに、資産の散逸による支払不能という危険からの債権者の保護について、担保物権と債権とでは原則

と例外が逆なのである。このことは、現実社会では極めて大きな違いとなる。

抵当権者は目的不動産の占有が第三取得者のもとにある場合でも権利を行使できる。このことは、目的不動産が不法占有者のもとにある場合であっても変わらない。そもそも占有は抵当権の内容をなさない。したがって、抵当不動産の占有が設定者とは別人のもとに移っても、当然には抵当権の侵害は観念されない。第三者が抵当物を占有している場合における抵当権に基づく妨害排除請求は、実質的に抵当権を行使できないという例外的な場合にしか認められていない（→38頁以下）。この点において担保物権は、占有の侵奪が権利の侵害となるのが通常である所有権等の物権と対照的である。

(d) 不可侵性

物権のみならず、債権についても不可侵性が認められ、その侵害は、不法行為を理由とする損害賠償請求権を発生させる。では、担保物権はどうか。担保物権も不可侵性をもつ。だが、担保を目的とする物権であるため、担保目的物の滅失や損傷があっても当然に損害が観念されるわけではない。判例・通説は、抵当権者が被担保債権の満足を受けられるかぎり、損害の発生を認めない（→41頁）。所有権等と同じようには考えられない。

(e) 譲渡性

物権が譲渡・移転の対象になるのは当然である。債権も現代においては譲渡できるのが原則である（466条1項）。担保物権も、財産的価値を有するため、移転の対象となりうる。だが、担保物権は、債権を担保するための物権であることから、それ単体での移転は認められない。被担保債権の移転にともなう形で移転する（随伴性→13頁。抵当権それ自体の処分について→100頁以下）。

(2) 人的担保との対比

保証人は、主たる債務者が負う債務を自ら弁済する債務を負う（446条1項）。このように、1人の債権者に対して数名の債務者がいる場合には、その全員の財産が同一の債権の引当てになる。債権者が強制執行の対象とすることができる責任財産は、1人の債務者の責任財産に限られなくなるのである。債権者が債権を回収できる見込みはそれだけ高まる。このため、保証や連帯債務は、人的担保と総称される。これに対して、担保物権による担保は、人的担保に対

なすものとして物的担保と称される。

では、債権者にとって有利なのは物的担保と人的担保のどちらであろうか。

債権者が保証人に対して有する権利は、主たる債務者に対するものと同じく、債権にすぎない。債権者は、保証人に対して他の債権者がいれば、この者と平等の弁済を受けられるにとどまる。また、保証人についても資産散逸による支払不能の危険はある。このように、優先弁済効や追及効によってそれらの危険の回避を可能にする点では、物的担保のほうが有利といえよう。さらに、かつては土地の価値は下がらないという土地神話（→157頁「集合債権譲渡担保の普及が進みつつある背景」）からも物的担保は好まれていた。

しかし、物的担保では担保目的物からしか債権を回収できない。物は、滅失・損傷する。市場価値が下がることもある。バブルの崩壊は、神話が迷信であることを人々に痛感させた。その他の財産からの回収も視野に入れておく必要がある場合には、人的担保を通じて他の債務者の財産を債権の引当てにしておくほうが債権者にとって都合がよい。さらに、物的担保にはその行使に債務名義が不要であるという利点があるとはいえ、開始した実行手続を先に進めるには手間や時間がそれなりにかかる。

また、同じ人的担保であっても、実質的な意義は、担保供与者次第でだいぶ違う。個人ではなく、銀行や信用保証協会が保証人である場合には、債権者は保証人の無資力をそれほど心配しなくてよい。また、任意の支払に応じてもらいやすく、物的担保よりも早期の債権回収につながる場合が多い。

結局、人的担保と物的担保は、一概にどちらが有利とはいえず、取引の場面ごとに使い分けられ、あるいは併用される。

旧民法における担保物権に関する規定の所在とその意義

フランス人のボアソナードが起草した旧民法（制定されたが、施行されなかった民法典）には「債権担保編」という編があった。同編は、「総則」「第一部 対人担保」「第二部 物上担保」からなった。第一部が人的担保、第二部が物的担保にそれぞれ相当する。総則には、債務者の総財産がその債権者の共同担保であり、対人担保や物上担保が特別担保であることを示す規定があった。共同担保とは、債務者の財産が、複数いる債権者にとって共通の担保を構成してい

ること（したがって、各債権者は自己の債権の引当てを平等に有すること）をいう。通常の債権も担保権の一種と考えうるのである。担保という接点があるからこそ、債権と担保物権の効力に関する上記の原則と例外の逆転が導かれる（接点がなければそれらは無関係）。また、所有権等の物権は、財産編に定められていた。それらは担保物権とは異なる編で規定されていたのである。このことは、同じく物権といっても、所有権等と担保物権の効力を同一には語れないことを示唆する。

　さて、担保物権は理解が困難であるといわれる。その理由として技術的な規定が多いことがよくあげられる。これは正しい。しかし不十分である。物権と債権の両方と対比しながらでないと理解できないことも、その理由の１つとなる。物権と債権の理解が不確かなままでは、両者の特殊形態といっても過言ではない担保物権を理解できないのは当たり前である。担保されるもの（債権）が分からないまま、担保するものが分かるようになるはずがない。

　ボアソナードは、意図的に担保物権に関する規定を財産法の最後に配置した。そうすることが担保物権の理解を容易にすると考えたからである。初学者は、その配慮の意味に留意し、適宜、物権法や債権法のテキストを参照してほしい。

4　担保物権の通有性

　担保物権の通有性とは、とくに典型担保が共通して有する性質をいう。付従性、随伴性、不可分性、物上代位性の４つがある。

(1)　付従性

　付従性とは、担保物権が被担保債権に付き従う性質をいう。すなわち、担保物権は、被担保債権とともに成立し、消滅する。被担保債権の有無が担保物権の消長を左右するのである。したがって、被担保債権がまだ存在しないのに、担保物権のみが成立することはない。被担保債権が成立してはじめて担保物権も成立しうる（成立における付従性）。あるいは、被担保債権が消滅したのに担保物権のみが存続することはない。被担保債権が消滅したならば、担保物権も消滅する（消滅における付従性）。

付従性を直接に定める条文はない。担保物権に当然に認められる性質であると考えられている。なぜ、このような性質が認められるのか。たとえば、ある債権が100万円の給付をその目的としているとしよう。この目的は、本来、債権という第一次的な手段のみによっても実現しうる。担保物権がないならないで、それなりに実現される可能性があるのである。債務者が債権者の請求に応じて任意に100万円を支払うかもしれない。あるいは、債権者は債権に基づく強制執行で100万円全額を回収できるかもしれない。担保物権は、債権の目的が実現される可能性を高めるための第二次的な手段であるにすぎない。そして、目的もなく手段の存在を認める必要はない。被担保債権は担保物権のレゾンデートル（存在理由）である。ならば、付従性は、債権を担保するという担保物権の目的から当然に導かれる性質といえよう。

付従性（および次の随伴性）は、あくまでも原則である。法定担保物権である留置権や先取特権には原則どおりに妥当するが、約定担保物権である質権や抵当権にはいくつかの例外がある。とくに抵当権に関する例外は重要である（→23頁、100-101頁、108-109頁）。

(2) 随伴性

担保物権には随伴性という付従性と同根の性質もある。随伴性とは、被担保債権が処分の対象になったときは、それを担保する担保物権もともにその処分の対象になる性質をいう。たとえば、抵当権によって担保されているＡの債権をＢが譲り受けたならば、抵当権もＢに移転する。ＡＢ間に抵当権移転の合意がなくとも、債権譲渡の合意さえあれば、抵当権の移転も生じるのである。

随伴性の根拠は何か。被担保債権は、債権譲渡によっていまやＢのもとにある。このため、それを実現するための第二次的な手段である担保物権は、Ａのもとにとどめても無意味であり、Ｂのもとに移すのが理に適う。こうして、随伴性は、付従性と同様の理由から担保物権に認められるのである。なお、上記にいう債権の処分には、譲渡のほか、質権の設定（→123頁）なども含まれる。

(3) 不可分性

296条は、「留置権者は、債権の全部の弁済を受けるまでは、留置物の全部に

ついてその権利を行使することができる」と規定する。同条は、305条、350条および372条によって先取特権・質権・抵当権に準用される。このことから、すべての典型担保に共通して、担保権者は、被担保債権の全額の弁済を受けるまで目的物の全部についてその権利を行使することができるという結論が導かれる。そして、このような担保物権の性質を不可分性という。

たとえば、Bが、自己の100万円の債権の担保を目的として、Aから評価額1000万円の土地に抵当権の設定を受け、その後、70万円の弁済を受けたとする。不可分性のため、Bは、残金30万円の弁済がないかぎり、土地全体の競売を行うことができる。

(4) 物上代位性

304条1項本文は、「先取特権は、その目的物の売却、賃貸、滅失又は損傷によって債務者が受けるべき金銭その他の物に対しても、行使することができる」と定める。このように担保物権の優先弁済の対象が目的物そのもの以外の物（正確には、金銭その他の物を目的物とする債権）に及ぶ性質を物上代位性という。

304条は、350条、372条によって質権と抵当権に準用される。つまり、留置権以外の典型担保すべてに物上代位性は認められる。物上代位性は、優先弁済的効力に実効性をもたせるための性質である。だからこそ、優先弁済的効力を内容としない留置権には認められない。

たとえば、Aが所有する建物甲にBのための抵当権が設定されていて、その建物が第三者Cの放火によって焼失したとしよう。この場合のAは、Cに対する損害賠償請求権という金銭債権を取得するが（709条）、372条が準用する304条1項本文にいう滅失が生じているので、Bは、その賠償金（損害賠償請求権）に対して自己の抵当権を行使すること、つまり、それから優先弁済を受けることができる。物上代位性が認められないと、目的不動産の滅失にともなって抵当権も消滅し、Bが優先弁済を受けられる地位は完全に否定されてしまう。かたや、Aは、建物甲を失うとしても、それに代わる金銭を得られるのと同時に、抵当権の負担から免れられることになってしまう。物上代位性は、この不公平を解消し、担保物権の優先弁済的効力を保つ。

5　叙述の順序

　担保物権が約定担保と法定担保とに分けられることはすでに述べた。社会的意義は前者の方が圧倒的に大きい。また、担保物権は典型担保と非典型担保にも分類される。これは、典型契約と非典型契約の分類に相応する。典型契約の内容と対比することで非典型契約の内容を考察していくという思考枠組は、非典型担保の内容を考察するのにも有用である。以上から本書は、最初に、典型担保のうち約定担保である抵当権と質権を説明し（第2章・第3章）、続けて、やはり約定担保である非典型担保を叙述する（第4章）。法定担保である先取特権と留置権は最後に取り上げる（第5章）。

第2章
抵当権

　抵当権は、典型担保であり、約定担保物権である。これらの点は質権と同じである。だが、非占有担保である点では質権と異なる。そして、現代の主な資金の供給者が金融機関であるからこそ、利用頻度は、非占有担保である抵当権のほうが質権よりもはるかに高い（→6-7頁）。抵当権は、非占有担保であるために、日本の資本主義経済を支える重要な権利としての役割を担っていると言い換えることもできる。本章では、抵当権の意義に関する説明をし、その後は、基本的に、設定・実行前の効力・実行・消滅という抵当権のライフサイクルの順に沿って説明を加えていく（→【図表2-1】）。

I　抵当権の意義

　抵当権にはいくつかの原則が妥当する。他方で、それらの原則に固執したのでは融資手法が限られてしまう。このため、特殊な抵当権が多様な融資の受け皿になっている。以下では、まず抵当権に関する諸原則を確認した後、特殊な抵当権をいくつか紹介しよう。そのうえで、抵当権をめぐる諸問題にかかわる基礎理論を説明する。

1　抵当権をめぐる諸原則

(1)　公示の原則
　非占有担保である抵当権は、目的不動産の占有によってその存在を公示することができない。このため、優先弁済効や追及効といった対外的効力を抵当権

【図表2-1】 抵当権のライフサイクルと本章における説明箇所

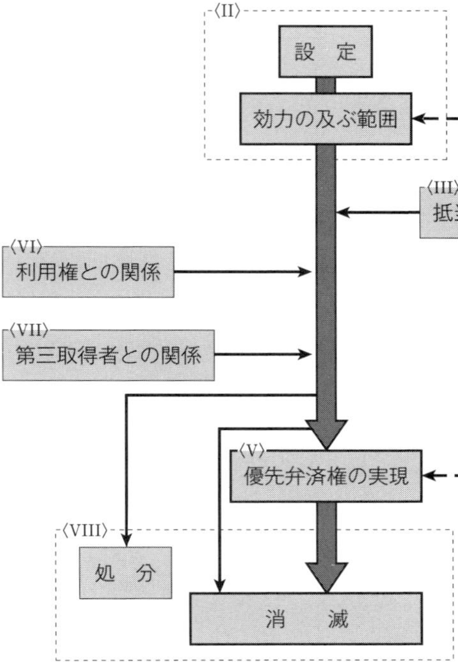

```
              〈II〉
         ┌─────────────┐
         │   設　定    │
         │     ↓       │
         │ 効力の及ぶ範囲│◀─ ─ ─ ─ ─ ─ ┐
         └─────────────┘              │
                 │                    │
                 │      〈III〉       │
                 │◀──┤抵当権侵害│◀─┐│
                 │    〈VI〉      〈IV〉
     ┌─────────┐ │              │物上代位│
     │利用権との関係│─▶│
     └─────────┘ │
     ┌─────────┐ │
     │第三取得者との関係│─▶│
     └─────────┘ │
                 ▼      〈V〉
            ┌─────────────┐
            │優先弁済権の実現│◀─ ─ ─ ─ ┘
            └─────────────┘
     〈VIII〉    │
     ┌─────┐   │
     │処 分│   │
     └─────┘   ▼
               ┌─────┐
               │消 滅│
               └─────┘
```

に認めるには、登記による公示が不可欠となる（公示の原則）。フランス法やドイツ法における抵当権の登記の歴史は、所有権のそれより古く、抵当権の登記を可能にするために不動産登記制度が発展したという経緯をもつ。ドイツ法は、登記を抵当権の成立要件としてさえいる。しかし、日本法での抵当権の登記は、対抗要件であるにとどまる（176条・177条）。

(2) 特定の原則

抵当権の目的物は個々の不動産に限定される。これを特定の原則という。

かりに登記を経なくても、合意さえあれば抵当権という優先弁済的効力をもつ非占有担保の対抗が認められるとすると、債権者は、容易に設定者が有する不動産のすべてに抵当権を取得することができる。ローマ法ではこれが認められていた。債務者Aに対する特定の債権者Bのみが優先弁済を受けられるよう

になると、その分、Aに対する別の債権者Cが債権を回収しにくくなる。すると、そもそもCは、融資を行って自らが債権者になること自体を避けるようになる。Aにしてみれば、抵当権の設定と引換えに融資を受けられる機会が減ってしまうのである。それだけではない。Aは、唯一、融資をしてくれるBの意向に常に従わなければならなくなる。いわば、経済的支配に服さざるをえなくなる。このように、特定の債権者の行き過ぎた保護は、他の債権者や設定者の不利益になるのである。ここに公示の原則とともに特定の原則が求められるようになった理由がある。

　現在の日本では、公示の原則が採用され、かつ不動産登記について物的編成主義が採られているため、不動産ごとに抵当権の設定登記が行われる。この結果、自ずと特定の原則は満たされている。

　特定の原則が採られているといっても、同一の債権を担保するための抵当権は、１個の不動産にしか設定することができないと誤解してはならない。複数の不動産の個々に抵当権を設定することは可能である（392条参照）。この場合の抵当権を共同抵当という（→24頁、68頁以下）。

**　一部の債権者をどこまで優遇するか**
　どの時代の債権者も、自分だけは債権の回収に少しでも有利な地位にありたいと願うものである。担保目的物の特定や、これによる他の債権者や設定者の保護は、今も動産・債権譲渡担保という登記を必須としない領域で論じられている（→135頁、157-158頁）。上では、特定の債権者Bのみを過剰に保護すると、他の競合債権者Cや設定者Aが害されると述べた。その一方で、Cを保護するためにBを冷遇すると、Bは、十分な担保を得ることができないことを理由にAに対する融資を見合わせかねない。先行融資を検討しているBの保護に薄いこともまた、最初の融資すら受けられないという設定者Aの不利益の原因となりうるのである。このように、譲渡担保の目的物の特定は、ＡＢＣ間の利益の調整に関わることもあり、難問となっている。

　共同抵当が認められているとはいえ、民法中の抵当権だけでは十分に先行融資者Bを保護できず、Aが必要な融資を受けられない場合がある。後で紹介するいくつかの特別法は、その問題の解消を目的とする。

(3) 順位昇進の原則

抵当権は、基本的に、特定の債権のみの担保を前提としている（このため、被担保債権に関しても、特定の原則が語られることがある）。たとえば、債務者Aが2020年1月1日に貸付けを受け、債権者Bのためにその担保として抵当権を設定したとするならば、この抵当権は、その1月1日付けの債権しか担保しない。同年2月1日にAがBからさらに貸付けを受けても、これによる債権と抵当権は無関係である。1月1日付けの債権が弁済等によって消滅すれば、2月1日付けの債権が未弁済のままであったとしても、抵当権も消滅するのが原則である（消滅における付従性→12-13頁）。

では、債務者Aが、BとCにそれぞれ800万円と500万円の債務を負っており、評価額1000万円の甲不動産にBのための1番抵当権とCのための2番抵当権を設定した後、Bの債権を弁済した場合はどうか。Bの抵当権は消滅する。問題はCの抵当権である。Cの抵当権は、これに優先していたBの抵当権が消滅したことで、順位が上昇し、1番抵当権になる。このように、先順位の抵当権が消滅した場合に後順位の抵当権の順位が繰り上がる原則を順位昇進の原則という。Cは、Bの抵当権が存続していたならば、200万円しか回収できなかったところ、その消滅によって債権全額を回収できるようになるのである。

2　抵当権の種類

Ⅱ以下で説明する抵当権は、普通抵当権とも呼ばれる。この呼称は特殊な抵当権が存在することによる。根抵当権もその一つではあるが、Ⅸ（108頁以下）で詳述することにする。ここでは特別法上の特殊な抵当権を簡単に紹介しておく。

なぜ、特別法が必要なのか。一言でいえば、民法中の普通抵当権は、金融実務の需要に応えられない場合があり、特別法によってその限界の克服が図られる必要があるためである。普通抵当権の限界は2つある。第1に、抵当権という非占有担保は、個々の土地や建物（と地上権および永小作権）にしか設定することができない（369条）。第2に、不動産に設定された抵当権の効力は、不動産と付加して一体となっている動産に当然に及ぶ（370条本文→29頁以下）一方で、それを超えた財貨の一体的な支配を実現することはできない。

(1) 立木抵当（りゅうぼく）

　土地上に立木が生立しているとして、その土地に抵当権が設定されると立木にもその効力が及ぶ（370条本文）。もっとも、土地そのものよりも立木のほうが価値が高いことはごく普通にある。このため、とくに林業経営者は、立木のみを担保に供することで経営に必要な資金の獲得を望むことがある（経営に多少失敗しても土地を残して再起を図れる）。そこで「立木ニ関スル法律」2条2項が立木のみに抵当権を設定することを認める。これを立木抵当という。

(2) 動産抵当

　民法上、動産に約定担保を設定するには質権を用いなければならない。そうはいっても、経済活動に不可欠な動産に質権を設定すると、設定者は、活動を止めなければならない。質物となる動産の占有を質権者に移す必要があるからである。そこで、とくに高価な生産設備については、不動産と同様に、占有によらない公示手段（登記または登録）を設けて、非占有担保である抵当権を設定できることが求められる。この動産抵当を実現する特別法として、農業動産信用法、自動車抵当法、航空機抵当法、建設機械抵当法がある。商法847条は船舶抵当権を認めてもいる。

　しかし、それらの法律で想定されていない動産による担保が必要な場合がある。特別法を利用できる動産についても、より簡易な担保の設定や実行が望まれることがある。これらの場合には、動産を目的物とする非占有担保として、譲渡担保や所有権留保が用いられている。

(3) 工場抵当・財団抵当・企業担保

　物は、他の物と一体として扱われることで、その資産価値を高めることがある。抵当権の効力が付加一体物に及ぶとする370条本文も、そのことを前提とする。もっとも、同条によるのでは抵当権の効力が及ばない動産も存在する。これにも抵当権の効力を及ぼすことで、より包括的に企業の財産を担保の目的物とし、より多額の融資が実施されることが求められる場合がある。あるいは、工業所有権といった権利にも抵当権を及ぼすことが必要な場合もある。企業経営に必要な設備や権利が1つの財団を形成するとみなして、これに担保を

設定することが望まれるのである。工場抵当法による工場抵当、さらには、鉱業抵当法や鉄道抵当法等に基づく各種の財団抵当がその手段となる。

　工場抵当法等のもとでも個々の物についての公示が求められる。すなわち、抵当権が及ぶ目的物に関する目録の調製が必要になる。これには手間・時間・費用がかかる。また、工場抵当法等によっても、企業の在庫商品や売掛代金債権、あるいは無形の資産を担保にとることはできない。企業担保法が定める企業担保は、それらを含めた会社の総財産を一括して担保とすることを可能にする。企業担保にはさまざまな特徴がある。たとえば、これを設定することができるのは株式会社に限られ、その被担保債権になりうるのは社債だけである。公示に関しても、財産ごとの登記による対抗という発想から離れる。株式会社登記簿への登記がその効力要件となる。追及効はなく、優先弁済効も弱い。

3　抵当権の本質——価値権説

　抵当権は目的不動産の交換価値のみを支配する価値権であり、ここに抵当権の本質がある。この価値権説が抵当権その他の担保物権に関する伝統的な理解の基礎になる。10頁で非占有性のみから説明した抵当権の効力も、同説のもとでは説明の仕方が変わる。では、この価値権説とは、どのような見解か。次のような説明がされてきた。

　物には使用価値と交換価値がある。それぞれの支配を可能にするのが用益物権と担保物権であり、両者の支配を可能にするのが所有権である。使用価値とは物の使用・収益による利益をいい、交換価値とは物を売却したならば得られる金銭的な利益をいう。質権は、占有担保であるため、その効力は使用価値にも及ぶ。これに対して、非占有担保である抵当権は、主に競売代金という交換価値が具体化したものから債権者に優先弁済を受けさせることを内容とする権利であり、純粋に交換価値のみを支配する価値権と評価しうる。

　価値権説は、かつて学説で圧倒的優位にあった。だが、抵当権が物理的支配に及ばないとの同説の構成が逆手にとられることで、バブル崩壊後、さまざまな紛争や病理的現象が生じた。具体的にいえば、価値権説は、妨害排除請求の可否（→38頁以下）、物上代位の法的性質（→45頁、52頁）、賃料からの債権回収の可否（→47頁以下）をめぐる問題の解決に困難をもたらした。これに対応す

るため、平成に入ってからの判例は、驚異的な展開を遂げる。現在、価値権説は、修正や克服が迫られている。もちろん、だからといって価値権説を理解しなくてよい、というわけではない。どこにどのような修正が加えられるべきなのか。いかなる克服が目指されるのか。これらを考えるうえで、上で述べた価値権説の原理的な内容は、確実に理解しておく必要がある。

II 抵当権の設定と効力の及ぶ範囲

1 抵当権の設定

(1) 抵当権設定契約

抵当権は約定担保であるから、自己の所有する不動産に抵当権を設定しようとする者とその抵当権を取得しようとする者との間で締結される抵当権設定契約によって成立する。抵当権設定契約は諾成契約であり、特別の方式が決められているわけではないが、一般には書面をもって締結される。

抵当権設定契約によって抵当権者となるのは、被担保債権の債権者である。一方、抵当権設定者については、369条で「債務者又は第三者が」とされていることでも分かるように、債務者に限られるわけではなく、第三者であってもよい。この第三者は、他人の債務のために自己所有の不動産を担保として提供することになり、物上保証人とよばれる。

保証人・物上保証人・第三取得者

物上保証人は、他人の債務のため自己の財産から支出をすべき立場におかれる点では保証人（→11頁）と同じである。ただし、物上保証人は、担保権が実行されると目的物を失うことにはなるものの、債務そのものを負担するわけではなく、目的物以外の財産が債務の引当てにされることはない（このことは「債務なき責任を負う」と称されたりする）。この点で、保証債務の債務者となる保証人とは異なっている。

目的物を設定者から譲り受けた第三取得者（→9頁）は、債務者以外の者が担保目的物の所有者になっているという意味では、物上保証人と同様の立場に

> ある。ただし、抵当権を設定した当人ではないことから、第三取得者のみを対象とする保護制度が設けられており（→96頁以下）、また、両者を等しく扱ってよいかという解釈上の議論がいくつかの局面で生じている（→29頁など）。

(2) 抵当権の被担保債権

(a) 被担保債権の種類

抵当権は目的物の換価金等から優先弁済を受けるためのものであるから、その被担保債権は金銭債権であるのが通常である。ただ、それ以外の種類の債権であっても、債務不履行になれば最終的には損害賠償請求権という金銭債権になるから（417条参照）、抵当権の被担保債権とすることは可能である。なお、ある債権の一部、たとえば1億円の金銭債権のうち6000万円のみを被担保債権として抵当権を設定することも可能である（一部抵当）。また、同一の債権者が有する複数の債権（債務者は異なっていてもよい）を1つの抵当権の被担保債権とすることもできる。

(b) 効力未発生の債権のための抵当権の設定

被担保債権がなければ抵当権は存在しえない（付従性）から、被担保債権が存しないのに抵当権を設定しても無効である。もっとも、条件付きの債権や期限付きの債権についても、債権発生の基礎となる具体的法律関係が存在すれば、抵当権を設定することができると解されている。たとえば、保証人が、保証債務を弁済したときに債務者に対して将来取得することになる求償権を被担保債権とする抵当権の設定・登記を、保証契約を締結する時点ですることも認められる（不登88条1項3号は、条件付債権を被担保債権とする抵当権が有効であることを前提とした規定となっている）。

(c) 被担保債権が無効となる場合の抵当権

付従性からすれば、被担保債権の発生する基礎となった契約が無効であるために被担保債権が存しないことになれば、やはり抵当権は無効となる。なお、判例には、労働金庫による無効な員外貸付から生じた債権を担保する抵当権が設定された場合において、設定者が、抵当権は無効であるとして抵当不動産の買受人に所有権移転登記の抹消を請求したのに対して、これを信義則に反し許

されないとしたものがある（最判昭和44・7・4民集23巻8号1347頁）。学説には、判例のように信義則によって抵当権の効力を維持するのではなく、消費貸借契約が無効となった場合には、貸主から借主に対する不当利得返還請求権も元の抵当権が担保するものになるとして、より一般的に抵当権の存続を認める見解もある。他方、詐欺によって金銭消費貸借が締結された場合のように、債権者の要保護性が低いときにも抵当権の存続を認めるのは問題があるとして、個別的な対応が可能となる判例の判断枠組みを支持するものもある。

(3) 抵当権の目的物

抵当権の目的物とすることができるのは、不動産（369条1項）、および地上権、永小作権（同条2項）に限られる。同一の不動産について数個の抵当権を設定することもできる（373条参照）。なお、1つの不動産には1つの抵当権が対応するのが基本であり、1つの債権を担保するために複数の不動産に抵当権が設定される場合（共同抵当→18頁）も、抵当権の個数は不動産の数だけ存在することになる。

2　抵当権の公示・対抗

(1) 抵当権の登記

抵当権を第三者に対抗するためには、抵当権の設定登記を経由することが必要である（177条）。未登記の抵当権であっても抵当権実行手続を開始することはできるが（民執181条1項1号・2号）、そもそも第三者に抵当権の効力を主張できなければ、抵当権の本質でもある他の債権者に対する優先弁済的効力が発揮できないため、ほとんど意味がないものになってしまう。

抵当権の登記簿への記載は、【図表2-2】のようなものとなる。抵当権の登記においては、抵当権者、登記原因、被担保債権、債務者の氏名が必ず記載されるほか（不登59条・83条1項）、利息や損害賠償額（遅延損害金→27頁）、債権に付随する条件などについて合意があれば、それも記載することができる（不登88条）。これらの記載によって、抵当不動産を譲り受けようとする者、あるいは後順位の抵当権の設定を受けようとする者は、当該不動産の交換価値、残余価値を推測することが可能となるわけである。

【図表2-2】 抵当権登記（登記事項証明書）の書式例

権　利　部　（　乙　区　）　　（所有権以外の権利に関する事項）			
順位番号	登記の目的	受付年月日・受付番号	権　利　者　そ　の　他　の　事　項
<u>1</u>	<u>根抵当権設定</u>	<u>平成26年4月30日 第26365号</u>	<u>原因　平成26年4月30日設定 極度額　金3,550万円 債権の範囲　銀行取引　手形債権 債務者　目黒区杉山二丁目13番4号 　　　　株式会社琳貴不動産開発 根抵当権者　渋谷区山名町三丁目2番4号 　　　　株式会社芝旬銀行 　　　　（取扱店　渋谷支店）</u>
2	1番根抵当権抹消	平成28年3月31日 第22127号	原因　平成28年3月31日解除
3	抵当権設定	平成29年1月18日 第2527号	原因　平成29年1月18日金銭消費貸借同日設定 債権額　金2,000万円 利　息　年2.50%（年365日の日割計算） 損害金　年12.30%（年365日の日割計算） 債務者　世田谷区石川四丁目7番3号 　　　　若　谷　直　人 抵当権者　文京区横松町二丁目2番4号 　　　　岸川東信用金庫
4	抵当権設定	平成30年3月6日 第18129号	原因　平成30年3月6日保証委託契約に基づく求償債権同日設定 債権額　金1,300万円 損害金　年14%（年365日の日割計算） 債務者　千葉県市川市濱田四丁目6番2号 　　　　高　坂　祐　三 抵当権者　荒川区小池町一丁目12番3号 　　　　東京東和保証株式会社

これは登記記録に記録されている事項の全部を証明した書面である。
（東京法務局世田谷出張所管轄）
　平成31年4月1日　　　　　　　　　　　　　　　登記官　　近　岡　恭　輔　　[印]
東京法務局新宿出張所

　　＊下線のあるものは抹消事項であることを示す

〔注〕抵当権は、登記記録のなかの「乙区（所有権以外の権利に関する事項）」に記載される。上の登記事項証明書（「乙区」部分のみを抜粋）の書式例では、平成26年4月30日に設定された根抵当権が、平成28年3月31日に解除により抹消され（抹消された箇所には下線が引かれる）、その後、平成29年1月に1番抵当権、平成30年3月に2番抵当権が順次設定されたことが示されている。「権利その他の事項」の欄に被担保債権の内容や債務者、抵当権者などの情報が記載されている。

(2) 抵当権の対抗関係

(a) 抵当権者相互の関係

　同一目的物に複数の抵当権が設定されたときは、その抵当権相互間の優劣は登記の先後によって決せられる（373条）。優先する抵当権から順に、第1順位、第2順位……と番号が付され、抵当権実行の際には、売却代金がまずは第1順位の抵当権者に配当され、残額があれば第2順位の抵当権者に、さらに残額があれば第3順位の抵当権者に、という形で配当がされることになる。

(b) 抵当不動産の譲受人との関係

　ある不動産について譲渡と抵当権設定とがされた場合において、所有権移転登記までに抵当権設定登記がされていなければ、抵当権を譲受人に主張することができない。逆に、抵当権設定登記がされている不動産が譲渡された場合には、譲受人（第三取得者）としては抵当権の負担が付いた不動産を取得できるにとどまる（追及効）。そのため、抵当権が実行されれば、第三取得者は不動産の所有権を失うことになる（→96頁以下）。

(c) 利用権者との関係

　ある不動産について抵当権が設定されたとしても、用益物権や賃借権をもつ者がその不動産を利用することは妨げられない。抵当権は設定者に使用収益権限をとどめる担保だからである。もっとも、ひとたび抵当権が実行され買受人が所有権を取得すると、この者と利用権者との間で対立関係が生じることになる。この場合、抵当権設定登記後に対抗要件（605条、借地借家10条・31条）が具備された利用権は、買受人に対して主張することができない。他方、抵当権設定登記よりも前に利用権の対抗要件が具備されていたときは、原則として、買受人に対しても利用権を主張することができる（→74-75頁）。

(3) 無効な抵当権登記の流用

　登記は不動産上の権利を公示し対抗力を与える制度であり、実体的法律関係と一致していない登記は無効である。したがって、被担保債権の弁済により抵当権が消滅すれば、その時点でその登記の効力は失われるのであり、本来は抹消されなければならない。それにもかかわらず、そうして無効となった抵当権の登記を、登記費用の節減等のため、その後に行った融資のための抵当権の登

記として流用することは認められるか。これを認めてしまうと、流用前にすでに存在していた後順位抵当権者は、順位昇進の利益（→19頁）を奪われ、本来であればこの者に劣後する抵当権しか得られなかったはずの者が旧抵当権と同じ順位を確保できることになる。

　判例は、こうした流用登記の効力を認めないのを原則としつつ、流用の合意をした当事者自身は無効の主張をしえない、とか、流用後にあらわれた第三取得者でも抵当権の存在を前提として代金を支払っていた場合には、新抵当権登記の欠缺を主張する正当な利益を有しない、などとして、例外的に流用登記の効力を認める判断を示している。学説でも、流用後の第三者との関係につき、個別の状況に応じて無効を主張できる者を一定範囲にとどめる判例の立場を支持するものが有力となっている。

3　抵当権の被担保債権の範囲

(1) 被担保債権の範囲の原則

　抵当権によって優先弁済を受けることのできる被担保債権の範囲は、設定契約で定められるのが基本である。元本のほか、利息（弁済期までの期間に生じる元本利用の対価）や遅延損害金（弁済期後に弁済を遅滞したことから生じる損害賠償金）についても、登記に記載されていれば優先弁済を受けうる範囲に入れることができる。

(2) 利息・遅延損害金に対する制限

　上記のうち、利息や遅延損害金については、被担保債権に含めることのできる上限が民法において定められている。

　たとえば、2012年1月に、Aに対してBが弁済期を2015年1月、利息を年10％、遅延損害金を15％として4000万円を融資し、A所有の甲土地（価額8000万円）に第1順位の抵当権の設定を受けたが、その後、Aに融資を求められたCが、甲土地にはなお残余価値があると考え、2013年1月に第2順位の抵当権の設定を受けて1000万円を貸し付けたとする。AはBに弁済期までに弁済をしなかったが、Bは2020年1月になってようやく抵当権を実行した。このとき、2015年1月までに生じた利息1200万円、2020年1月までに生じた遅延損害金

【図表2-3】 抵当権の被担保債権の範囲

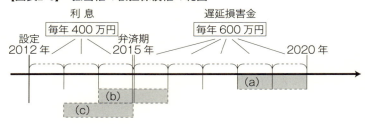

　3000万円の全額がＢの抵当権の被担保債権に含まれるとすると、被担保債権の総額は8200万円となり、Ｃへの配当額はゼロとなってしまう。このように、利息や遅延損害金が際限なく被担保債権に含まれるものとすると、被担保債権の額がどれだけになるのか予測ができなくなり、残余価値の把握を期待する後順位抵当権者の利益が害されることになり、ひいては債務者が後順位抵当権を設定して新たな融資を受けることもできなくなる。

　そこで民法は、優先弁済を主張できるのは、利息その他の定期金の満期となった最後の２年分（375条１項）および遅延損害金のうち最後の２年分のみであるとし（375条２項本文）、かつ、遅延損害金については前者のものと通算して２年分を越えることができないとした（375条２項ただし書）。なお、最後の２年分より前の利息についても、満期後に特別の登記をしたときは、その登記時より優先弁済が認められる（375条１項ただし書）。

　さきの例でいえば、抵当権実行が2020年１月時点でされたのであれば、遅延損害金の1200万円のみ（【図表2-3】の(a)の部分）が、また、実行が2016年１月時点であったなら遅延損害金１年分と利息１年分の合計1000万円（同(b)の部分）、2015年１月の弁済期到来とともに実行されたのなら、利息の最後の２年分800万円（同(c)の部分）が、それぞれ被担保債権に加えられることになる。後順位抵当権者としては、元本のほか、遅延損害金２年分が先順位抵当権の被担保債権に入ることを覚悟しておきさえすればよい、ということになる。

(3) 利息・遅延損害金に対する制限の適用局面

　上に述べてきた被担保債権の範囲を限定する375条の趣旨は、抵当不動産の残余価値に利害を有する後順位担保権者や一般債権者が不測の損害を被らない

ようにすることにある。そのため、債務者所有の抵当不動産が競売された場合において、後順位抵当権者など他の債権者が配当を受けないときには、375条による制限はなく、抵当権者は利息等の全額につき配当を受けることができる。

では、後順位抵当権者や他の債権者が競売手続中にあらわれないが、抵当不動産が債務者以外の第三者に属する場合についてはどうか。抵当権を自ら設定した物上保証人ならばともかく、抵当不動産の第三取得者については、被担保債権の制限を考慮し、残余価値を期待して譲り受けたはずであるから、後順位抵当権者などと同様の立場にあるとして、この場合にも375条が適用されるとする説も有力である。しかし、判例・通説は、第三取得者は設定者の負担をそのまま承継する以上、抵当不動産が債務者所有の場合と同様に、375条による被担保債権の制約を抵当権者に対して主張することはできないとしている。

なお、375条の適用は抵当権者が競売において優先弁済効を主張する場合に限定される。債務者や第三者が被担保債権を弁済して抵当権を消滅させるときには適用はなく、利息等の全額を弁済しなければならない。

4　抵当権の効力が及ぶ目的物の範囲

抵当権の効力は、抵当権の設定された不動産にまつわる物のどこまでに及ぶのか。以下で、不動産に付加した物、不動産から生じた果実、そして不動産から分離した物のそれぞれについてみていこう。

(1)　付加一体物
(a)　付加一体物とは

抵当権の効力は、抵当地の上に存する建物を除き、抵当不動産に付加して一体となっている物（付加一体物）に及ぶ（370条本文）。ここで建物が除かれているのは、わが国では、土地と建物とは別の不動産とされており、それぞれ別個の抵当権の目的物になることを意味している（→80頁）。

では、ここにいう付加一体物とは具体的にどのようなものを指すのか。民法には、類似の概念として、付合物（242条）と従物（87条）というものがある。このうち、付合物（建物ならば増築部分、土地ならば立木、石垣などの土地の定着物）

については、独立性が失われてその不動産の一構成部分となっているから、付加一体物に含まれることに異論はない。すなわち、抵当権の効力は、付合したのが抵当権設定の前か後かを問わず、付合物に及ぶ。では、従物についてはどうだろうか。

(b) 従物は付加一体物に含まれるか

従物とは、庭にある石灯籠や庭石、建物に備え付けられた畳や建具、エアコンなど、取り外しが可能な物をいうのであって、付加一体物という語義からすれば従物はこれに含まれないようにも思える。しかし、抵当権の実行により建物を買い受けた者が、建物に継続して据えられた畳などを取得できないとするのは、いかにも不自然である。そのため、抵当権設定後のものも含め、抵当権の効力は従物にも及ぶと一般に解されている。問題は、370条からその結論を導きうるかである。

(i) 370条の立法経緯　　混乱の原因は、ドイツ法由来の「従物」「付合物」と、フランス法由来の「付加一体物」とを混在させて立法してしまったことにある。フランス法を参照して起草された旧民法では、従物と付合物とを区別しない概念である付加一体物という語が用いられていた。ところがその後、現行民法の起草時にはドイツ法の従物概念が新たに採用され、にもかかわらず抵当権の効力の及ぶ範囲に関してだけ、旧民法の語がそのまま残された。こうして、付加一体物と従物という概念が併存する事態となったのである。

(ii) 学説　　学説には、付加一体物とは付合物のみを指し、物としての独立性を有する従物はこれに含まれないとしたうえで、87条2項によって抵当権設定の前後を問わず従物にも抵当権の効力が及ぶとするものもある（構成部分説）。もっとも、87条2項によっては抵当権設定後の従物に抵当権の効力を及ぼすことはできないと一般には解されており、構成部分説にはこの点の難が指摘されている。多数説は、付加一体物とは経済的観点から不動産との統一体をなしているものを指し、従物もこれに含まれるから、これによって、抵当権設定の前後を問わず、従物にも抵当権の効力が及ぶと解している（経済的一体性説）。

(iii) 判例の動向　　判例は、古くは、抵当権の目的物は不動産であることを理由として、抵当権の効力が抵当不動産上の従物たる動産に及ぶことを否定し

ていた。しかし、多数説が抵当権の効力が従物に及ぶと主張してこれを批判した結果、従物へも抵当権の効力が及ぶことを認めるに至った。

抵当権設定時に存していた従物について、大審院判例には、87条2項によって抵当権の効力が及ぶことを認めたものがある（大判大正8・3・15民録25輯473頁）。その後にあらわれた最高裁判例は、この判決を引用しつつ、従物にも抵当権の効力が及ぶとしたうえで、抵当権設定登記の対抗力は370条により従物にも及ぶと判示している（最判昭和44・3・28民集23巻3号699頁）。このように、現在の判例が、87条2項と370条のいずれを根拠として従物に抵当権の効力が及ぶとしているのかは、なお判然としないところがある。

他方、抵当権設定後に付属された従物については、直接判断をした最高裁判決はないが、下級審裁判例には、抵当権の設定された劇場にその後搬入・設置された数億円にのぼる劇場用音響装置その他の機械器具類にも抵当権の効力が及ぶとしたものがある。

(iv) **抵当権の効力範囲の限界**　近時の判例には、ガソリンスタンドの建物に設定された抵当権の効力が地下タンクや洗車機等の付属設備にも及ぶとして、主物たる抵当不動産の価値をはるかに上回る従物に抵当権の効力が及ぶことを認めたものもある。このように、判例には、抵当権の効力の及ぶ範囲を拡大させる傾向を見てとることができる。他方、学説では、抵当権の効力を従物一般に広く及ぼすことに慎重な見方も増えている。とくに、抵当権設定後に設置された高価な従物に抵当権の効力が及ぶことを認めた上記の下級審判決に対しては、抵当権者が予期せぬ利益を享受しうることとなり妥当でないとの批判も少なくない。そうしたことをふまえ、抵当取引の種類に応じて効力の及ぶ範囲を個別に考えるとか、設定者による従物の処分を一定範囲で認める見解もみられるようになっている。

たとえば、後付けのエアコンのようなものは、畳にくらべて固定性がより強いとはいえ、抵当権の効力が及ばず、抵当権実行で建物の所有権を失った設定者の所有物と解してよい場合も大いに想定される。付加一体物が従物も含みうる概念であるとしても、すべての従物が付加一体物として扱われるべきとはいえない。抵当権設定当事者や第三者の合理的な意思・期待の解釈によって、付加一体物か否かを事案に応じて適切に判断していく必要がある。

付加一体物の解釈を通じて抵当権の効力範囲を拡大させることにより、経済的結合関係のある資産を一体的に把握することには、おのずと限界がある。事業を営む財産の価値を一体として把握するために設けられた財団抵当制度（→20-21頁）をどのように改善・発展させていくかは、今後ますます重要な課題となるであろう。

> **従物が不動産の場合の扱いと抵当権の執行妨害**
> 　従物が不動産の場合にも、主物たる不動産の上の抵当権の効力が及ぶといえるか。裁判例には、母屋と同敷地とに抵当権が設定され登記も経由された後、同敷地内に存する未登記の小屋につき保存登記がされ、これが第三者に譲渡されたという事案において、不動産競売手続により母屋と同敷地を買い受けた者は、従物である小屋にも抵当権の効力が及んでいるから、その所有権も取得できるとしたものがある。単なる小屋を、あえて保存登記をしたうえで第三者に譲渡する、などというのは、抵当権の実行を妨害する意図が強く推認される。抵当権の効力の従たる建物への拡張を認めるこの判決は、執行妨害を阻止しようという一連の判例の動向のなかに位置づけることもできる。

(c)　抵当権の効力が及ばない付加一体物

　以下に掲げる各場合については、付加一体物ではあるが、例外として抵当権の効力は及ばない。

　①除外する設定当事者の合意　　当事者が設定行為によって抵当権の目的物から除外する旨を定めた場合である（370条ただし書）。ただし、完全に独立性を失って抵当不動産の構成部分になっている場合（242条ただし書の解釈にいう「強い付合」→『物権法』の教科書を参照のこと）には、この部分のみを抵当権の目的物から除外することは認められないものと解される。また、この合意は、登記されていなければ第三者に対抗できない（不登88条1項4号）。

　②424条3項に基づき詐害行為取消請求をすることができる債務者の行為により付加された物　　債務者が他の債権者を害することを知りつつあえて抵当不動産に財産を付加し、抵当権者もそのことを知っていた、というような場合である。詐害行為取消権の対象となる債務者の「行為」には物を付加するとい

った単なる事実行為は含まれないため、別途370条ただし書で、このような場合は当然に抵当権の効力が及ばない旨を規定したものである。

③抵当不動産とは所有者が異なる付合物　　一般の立木は土地の付合物であるから土地抵当権の効力が及ぶ。しかし、他人の物として立木法による登記がされていたり（→20頁）、立木に明認方法が施されている場合には、土地抵当権の効力が及ばない。また、抵当不動産の所有者以外の者（地上権者や賃借権者など）が権原に基づいて付加した物についても、242条ただし書が適用されるため、抵当権の効力は及ばない。

(2) 従たる権利

たとえば、Aが甲土地をBから賃借した上で乙建物を新築し、Cのために乙建物上に抵当権を設定したが、この抵当権が実行されてDが買受人となったとする。このとき、乙建物の抵当権の効力が甲土地の賃借権に及んでいないとすると、乙建物の所有者となったDは、甲土地の利用権原を取得できず、Bからの乙建物の収去・甲土地の明渡しの請求を拒めないこととなる。

敷地の賃借権は建物の存立について不可欠の権利であり、こうした権利は、従物と同様、従たる権利として、370条ないし87条2項の類推適用により、建物の所有権とともに当然に譲受人に移転するものと解されている。判例も、敷地の賃借権は建物所有権に付随し、これと一体となってひとつの財産的価値を形成しているという理由で、このことを認めている。さきの例でも、乙建物の抵当権の効力は甲土地の賃借権に及んでいるとして、DはBに対してこの賃借権を主張することができる。

賃借権の譲渡には賃貸人の承諾が必要であるが（612条1項）、建物の買受人が土地所有者からこの承諾を得られない場合については、借地借家法20条による対応が可能である。なお、建物所有者が土地賃借権を放棄したり賃貸借契約を合意解除しても、抵当権者には対抗できない（398条ないし同条の類推適用）。

(3) 果実
(a) 果実に抵当権の効力が及ぶ場合とは

抵当権においては設定者に使用収益権限が留保されているため、抵当不動産

から生じる果実（天然果実、法定果実）には抵当権の効力が及ばない。しかし、抵当権の被担保債権が不履行となったときは、果実に抵当権の効力を及ぼすことができるようになる（371条）。この規定を基礎として、抵当権者が果実から優先弁済を得るために設けられている担保権実行手続が、担保不動産収益執行である（民執180条2号→65頁以下）。

ところで、担保不動産収益執行においては、債務不履行前に生じていた果実であっても、債務不履行時になお設定者が収取していなければ、抵当権者が収取できるものとされている（民執188条・93条2項）。したがって、民法371条の文言上は、被担保債権の不履行後に生じた果実のみが対象となるかのようであるものの、担保権実行手続上の実際の運用においては、抵当権者が果実の収取をなしうる時期は被担保債権の不履行後だが、対象となるのは、設定者がまだ収取していない果実全般とされている。

(b)　物上代位との関係

抵当権者は、371条に依拠した担保不動産収益執行によることのほか、物上代位権の行使によっても、抵当不動産から生じる賃料を収取することができる（372条・304条）。実は、担保不動産収益執行制度は、賃料債権に対する抵当権者の物上代位権行使の弊害を解消するべく創設されたものなのであるが、両者の関係をどう理解するかといったことも含め、詳しくは本章Ⅳで取り上げることにする。

(4)　分離した物

(a)　問題となる局面

付加一体物として抵当権の効力が及んでいた物が抵当不動産から分離した場合、この分離物には抵当権の効力がなお及んでいるといえるか。たとえば、抵当権が設定されていた山林地上の立木が伐採、搬出されたとか、抵当権が設定された劇場から照明設備が取り外され搬出されたといった場合、抵当権者は、分離や搬出を阻止し、あるいは搬出された物を元の場所に戻すよう請求することができるか。

立木が伐採されるなどして、抵当権の目的物の範囲から除外されると、抵当不動産の価値が低下することになるから、その意味では抵当権は害されるとも

いいうる。しかし、抵当不動産の使用収益権限は抵当権設定者にあるため、立木の伐採にしても、これが林業を営む設定者による抵当山林の正当な利用の範囲内にあると評価できるものなら、抵当権者はこれに異を差し挟むことはできない。抵当山林の立木が正当な利用の範囲を超えて伐採・搬出された場合にはじめて、抵当権者は、抵当権に基づく物権的妨害予防請求権の行使として、伐採禁止を求めることができる（→37頁）。それに加え、抵当権者が分離物の搬出を禁じたり、搬出されてしまった分離物の返還を請求したりすることが認められるためには、分離物にも抵当権の効力が及んでいることが前提となる。次にその点に関する議論をみていこう。

(b)　分離物の扱いをめぐる判例・学説の諸相

分離物に対してどこまで抵当権の効力が及ぶかをめぐっては、判例に変遷がみられ、学説も多岐に分かれている。

(i)　判例の推移　　ごく初期の判例には、抵当山林地上の立木は伐採により不動産の性質を失い動産となるので、抵当権の効力は及ばないとしたものがある（→【図表2-4】a）。抵当権者が伐採禁止を求めるのには、抵当権の効力としてではなく、差押えの処分禁止効を用いるものとされていたのである。しかし、その後の判例は、抵当権自体により伐採木材の搬出を阻止できるとしており、伐木にも抵当権の効力が及ぶことを認める立場に変わった。

(ii)　場所的一体・効力切断説　　学説には、分離物が抵当不動産と場所的一体性を保っている限りで抵当権の効力が及ぶものとし、搬出されると付加一体物でなくなるとする見解もある（→【図表2-4】b1）。同説によれば、いったん抵当不動産から搬出された物については物権的返還請求をできないこととなる。

(iii)　場所的一体・対抗力喪失説　　これに対し、比較的多くの学説は、分離物が抵当不動産から搬出されても抵当権の効力は失われないが、抵当権の登記の対抗力は及ばなくなると解している。この説のなかでも、対抗できなくなる相手方の理解には相違がみられる。第1の説は、抵当不動産との場所的一体性が維持されたまま分離物が譲渡された場合、譲受人は、分離物につき抵当権の負担のある所有権を取得するが、その後、分離物が搬出されれば、抵当権は対抗力を失い抵当権の負担のない所有権を得られるとする（→【図表2-4】b2）。

【図表2-4】 分離物に対する抵当権の効力

	分離	搬出	(搬出前の譲渡)	(搬出後の譲渡)	即時取得
a (初期の判例)	×				
b：場所的一体説 　b1：効力切断説	○ →	×			
b2：対抗力喪失説1	○ →	○	→対抗×		
b3：対抗力喪失説2	○ →	○ →	○	→対抗×	
c：即時取得基準説	○ →	○ →	○ →	○	→対抗×

　他方、第2の説（多数説）は、抵当不動産から搬出後に分離物を譲り受けた者に対しては、譲渡の時点ですでに抵当権の対抗力が失われていた以上、抵当権を主張できないが、搬出前に分離物を譲り受けた者に対しては、いったん抵当権の対抗を及ぼすことができていたのであるから、その後に分離物が搬出されても（譲受人において即時取得の成立が認められないかぎりは）抵当権を主張しうるとする（→【図表2-4】b3）。

　(iv)　**即時取得基準説**　分離物が第三者に譲渡され、引渡しがされた後であっても、この譲受人において即時取得（192条）が成立するまでは抵当権の対抗力が分離物にも及ぶと解する説も有力である（→【図表2-4】c）。工場抵当法（→20頁）は、5条において、工場抵当が設定された工場に備え付けられた動産は、第三者に譲渡、引渡しがされても、即時取得が成立しないかぎり工場抵当の効力が及ぶとしており、抵当権者は搬出された動産を工場に戻すことを第三者に請求できるとした判例もある（最判昭和57・3・12民集36巻3号349頁）。即時取得基準説は、この工場抵当の場合と同様の解決を抵当不動産の分離物にも及ぼそうとするものといえる。もっとも、工場抵当については対象となる物件が目録にすべて記載され公示されるしくみがとられており、地盤への抵当権設定登記による間接的な公示しかない抵当山林の伐木のような場合を同様に扱えるとただちにはいいがたい。流動動産譲渡担保で権限外の目的物処分がされたときの構成動産の扱いも含め（→137頁）、これらの場合を比較考察しながら、それぞれに効力を及ぼせる範囲を決する姿勢が必要となる。

III 抵当権侵害

　物権が侵害された場合、物権者は、物権的請求権を行使したり、不法行為に基づく損害賠償請求をすることができる。たとえば、所有物が第三者に不法占拠されたなら、所有者はその者に返還を請求することができるし、滅失・損傷されたときには、それによって生じた損害の賠償を請求することができる。しかし、同じ物権とはいえ、抵当権の場合は、所有権や用益物権とは異なり、抵当不動産が不法占拠されたり、滅失・損傷されたからといって、それがただちに抵当権の侵害とみなされるわけではない。以下で、抵当権が侵害されたといえるのはどのような場合か、またそれに対する救済はどのように図られるのかをみていくことにしよう。

1　抵当権に基づく物権的請求権

(1)　付加一体物の分離・搬出に対する妨害排除・妨害予防請求

　抵当権においては、目的物の使用収益権限は設定者にあるから、たとえ抵当不動産の価値が減少するようなことがあっても、それが抵当不動産の通常の経済的用途に従った利用に基づくものであれば、抵当権侵害にはならない。したがって、IIでも述べたように、抵当権の効力が及んでいる付加一体物が分離され、抵当権の目的物の価値が減少を来したことが、設定者の通常の使用・収益の範囲を越えることによって生じたといえる場合にはじめて、抵当権の侵害と評価されることになる。

　このように抵当権設定者によって侵害がされた場合はもちろん、侵害者が第三者である場合であっても、抵当権者は、この侵害者に対して、物権的妨害予防請求として侵害行為の禁止を求めることができる。また、前述のとおり、抵当権の効力が及んでいると解しうるかぎりにおいては、物権的妨害排除請求として、搬出された分離物を元の場所に戻すよう請求することもできる（工場抵当の事例につき、前掲最判昭和57・3・12）。

(2) 占有による抵当権侵害に対する妨害排除請求
(a) 抵当権実行を妨害する抵当不動産の占有

　抵当権者には抵当不動産の占有権原がなく、使用収益権限はあくまで設定者の側にある。そのため、設定者が抵当不動産を賃貸しても、また第三者が抵当不動産を不法占有したとしても、それだけでは抵当権が侵害されたとはいえない。ところが、このことを逆手に取り、所有者が暴力団などの反社会的勢力に抵当不動産を賃貸し、あるいは不法占拠されるのをあえて認容するなどして、所有者と占有者とが結託して抵当権の実行を妨害する例が多発するようになっていった。

　抵当不動産の所有者の収益権限を確保するべく、かつて民法に設けられていた短期賃貸借保護制度も、抵当権実行の妨害を助長するものとなっていた。同制度によれば、抵当権設定後に賃貸借契約が結ばれた場合であっても、賃借人は、抵当権が実行されて抵当不動産を買い受けた者に賃借権を対抗できたため、不動産を買い受けた者が、暴力団などの反社会的勢力の占有を排除できない、という問題が生じた（→76頁）。

　こうした問題に直面してもなお、当初の判例は、抵当権が抵当不動産を占有する権原を包含するものではないから、第三者が抵当不動産を権原により占有しまたは不法に占有しているというだけでは抵当権が侵害されているわけではないとして、抵当権の侵害による妨害排除請求をすることも、また、抵当不動産の所有者の所有権に基づく返還請求権を代位行使してその明渡しを求めることも認められない、としていた（最判平成3・3・22民集45巻3号268頁）。

(b) 不法占拠者に対する妨害排除請求の許容

　ところが、平成11年に判例が変更され、抵当権者による妨害排除請求も例外的には認められるとする判断が示された（最大判平成11・11・24民集53巻8号1899頁）。抵当不動産を不法占拠する者のために不動産競売の進行が妨害された事案につき、同判決は、抵当権者は抵当不動産の使用・収益に干渉できないのが原則であるとしつつ、妨害排除請求を次のような要件、法律構成において認めた。

（i）要件　　第三者の不法占有によって競売手続の進行が害され売却価額が下落するおそれがあるなど、抵当不動産の交換価値の実現が妨げられ抵当権者

の優先弁済請求権の行使が困難となるような状態があるときは、抵当権に対する侵害と評価されるものとした。

(ii) **法律構成** 上の場合には、抵当権者は、抵当不動産の所有者に対して有している「侵害状態を是正し抵当不動産を適切に維持又は保存するよう求める請求権」を保全するため、423条（債権者代位）の法意に従い、所有者の妨害排除請求権を代位行使することができるとした。ここでは、抵当権の被担保債権を423条の被保全債権として代位行使が認められているわけではないことに留意しなければならない（もしそのような構成をとったときには、抵当不動産の所有者が被担保債務を負わない場合、すなわち物上保証人や第三取得者である場合に代位行使が認められないことになってしまう）。なお、同判決では、傍論として、抵当権に基づく妨害排除請求も認めうると述べられていた。

(iii) **効果** この妨害排除請求の効果として、所有者において抵当不動産を適切に管理することが期待できないときは、抵当権者は、所有者のために抵当不動産を管理する目的で直接自己に抵当不動産を明け渡すよう求めることができるものとされた。

(c) **賃借人に対する妨害排除請求の許容**

さらに平成17年には、最高裁は次のように述べて、抵当不動産の所有者から賃借をした者のような、占有権原のある占有者に対する妨害排除請求をも認める判断を示した（最判平成17・3・10民集59巻2号356頁）。

(i) **要件** 優先弁済請求権の行使が困難な状況にある、という平成11年判決で示された不法占拠者に対する請求の場合の要件に加え、権原の設定において競売手続を妨害する目的が認められた場合には、占有権原ある者の占有でも抵当権侵害となるものとした。

(ii) **法律構成** 占有者に占有権原がある場合、所有者は妨害排除請求ができないため、平成11年判決のように代位構成をとることができない。本判決では、平成11年判決で傍論として述べられていた抵当権に基づく妨害排除請求が、正面から認められた。

(iii) **効果** 抵当権者は、妨害排除請求の効果として、平成11年判決と同様、所有権者に抵当不動産を適切に維持管理することが期待できない場合には、占有者に対して直接自己への抵当不動産の明渡しを求めることができると

された。

> **民事執行法上の妨害排除手段**
>
> 以上に述べたように、判例は、抵当不動産の占有による抵当権実行の妨害を除外するべく進展してきたし、平成15（2003）年には抵当権妨害の温床とされていた短期賃貸借保護制度を廃止する民法改正もされた（→76頁）。そうした実体法上の対処とは別に、執行手続においても、占有妨害排除の施策が、平成8（1996）年以降の民事執行法改正により順次講じられていった。
>
> たとえば、執行裁判所は、不動産の価格を減少させるような債務者や占有者の行為を禁止し、必要に応じて執行官に保管をさせる保全処分を命ずることができる（売却のための保全処分：民執55条・55条の2・188条）。また、競売開始決定前に競売申立てをしようとする者や、競売開始手続後における最高価買受申出人・買受人についても、これと同様の保全処分の申立てが認められている（民執187条・77条・188条）。

2　第三者による抵当権侵害に対する損害賠償請求

A所有の建物（評価額6000万円）に、5000万円の貸金債権を被担保債権とするBのための抵当権が設定されていたが、Cの不法行為によってこの建物が損傷し、その価値が3000万円に減少したとする。Bとしては、5000万円の貸金債権について6000万円の建物から優先弁済を受けられたはずであったのに、その価値が3000万円に減少したとなると、優先弁済を受けられる分に2000万円の不足が生じてしまう。Bとしては、これを不法行為により被った損害であるとして709条に基づき損害賠償請求をすることができるか。抵当権の侵害を理由とする損害賠償請求については、留意しなければならない点がいくつかある。

(1)　不法行為の成否――物上代位との関係

まず第1に、上記のような事例において、そもそも抵当権侵害に基づく不法行為が成立しうるのか自体が問題となる。Cに対しては、Aも所有権の侵害を理由として3000万円の損害賠償請求をすることができるため、ここでBの損害

賠償請求も認めると、AとBそれぞれの損害賠償請求権が重複して生じ、法的関係が複雑化してしまう。そこで、近時の学説では、所有者が損害賠償請求をできる場合には、抵当権者は709条に基づく損害賠償請求ができず、所有者の損害賠償請求権に物上代位（372条・304条→46頁）をすることによってのみ損害賠償金を得られる、とするものも有力となっている。

　こうした結論を導くためには、物上代位権を行使できる以上は損害の発生は観念されず、よって不法行為の成立が否定される、と解すべきことになる。しかし、物上代位権を行使することは抵当権者の権利であって義務ではない。そうであるならば、抵当不動産の侵害について、物上代位ではなく不法行為による損害賠償請求を選択することも認められてよいはずである。判例も、物上代位権の行使ができるかどうかを問わず、抵当権者は不法行為による損害賠償請求ができることを認めている。ただ、そのように解した場合でも、上の例でいえば、不法行為者が所有者に3000万円、抵当権者に2000万円の合計5000万円の賠償義務を負うとされるべきではない。所有者と抵当権者それぞれの損害賠償請求権は連帯債権（432条）の関係にあるものとして、不法行為者が抵当権者に2000万円を支払った場合には、所有者の賠償請求は1000万円に限定して認められることになろう。

　なお、第三者による抵当不動産の滅失・損傷について所有者が認容ないし協力をしていたような場合は、所有者の損害賠償請求は認められない。不法行為と物上代位の競合を認めず物上代位のみを認める立場をとったとしても、このように物上代位ができない場合には、不法行為に基づく損害賠償請求は、やはり問題となる。

(2) 請求できる損害賠償の額

　抵当権者が不法行為者に対して請求できる損害賠償は、抵当不動産の残余価値によって不足が生じる被担保債権の額となるとするのが判例・通説である。抵当権の被担保債権額が5000万円で、目的物の価額が不法行為により6000万円から3000万円に減少した上記の例でいえば、すでに述べたように2000万円の損害が認められるが、不法行為によってもなお抵当不動産が5000万円以上の価値を有している場合には、抵当権者に損害は発生せず、不法行為は成立しない。

(3) 損害賠償請求権の行使時期

　抵当権侵害による不法行為では、損害発生をどのように観念するか、ということとあいまって、賠償請求がいつからできるのかも問題となる。かりに不法行為によって抵当不動産が被担保債権を下回る価額になったとしても、債務者が弁済期までにきちんと弁済をしさえすれば、抵当権者は何らの損害も被らないからである。学説は次の３つに大別できる。

　第１は、弁済期に債務者が弁済をせず、かつ抵当権を実行して弁済不足額が確定してはじめて損害が観念できるのだから、抵当権実行後にのみ損害賠償請求ができる、とするものである。しかしこれに対しては、損害賠償請求権を行使できる時期が先送りにされると、加害者が倒産したり、所在不明となる可能性があるなど、賠償債権の実効性に不安が生じるとの批判がある。

　第２は、被担保債権の弁済期到来後であれば実行前でも請求はできるとする見解であり、判例・多数説もこの立場を採る。抵当権の実行時を基準として損害を算定するのが通例だとしても、実行前でも損害の算定は不可能ではないこと、他方で、抵当権侵害による損害は被担保債権の満足が得られない場合にのみ発生するから、弁済期前にその発生は不明であること等を理由とする。

　第３には、債権が担保されなくなった限度で損害は現に発生しているとして、不法行為時より損害賠償請求ができるとするものもある。債権がどれだけ回収不能となるかは弁済期までは完全には確定できないとしても、現在を基準として将来の損害額を計算することは可能であるとする。この説には、弁済期を待たずに抵当権者が金員を受領できてよいのか、という問題がある。

抵当権の侵害とは？

　上に述べたように、抵当不動産が損傷されても、その価額が被担保債権額を下回ることがなければ、そして弁済期までの間は、抵当権者の損害賠償請求は認められないというのが判例・多数説である。しかし、抵当不動産の価額が被担保債権額を上回っている場合や、弁済期までの間は、何らの抵当権の侵害も観念しえないものなのだろうか。

　抵当不動産の価額が不法行為によって6000万円から5000万円に減少したとしても、被担保債権額が5000万円なら、計算上損害はゼロとなる。しかし、抵当

権実行までの間に、不動産市況の変化や物件の劣化によって抵当不動産の価額が5000万円を下回る事態にならないとも限らない。抵当権者としては被担保債権額より抵当不動産の価額が高ければ高いほど安心できるはずである。また、弁済期までに債務者が弁済をすれば抵当権者に損害が現実には生じないのは確かだが、不法行為によって抵当不動産が滅失しても何ら請求ができないとすると、弁済期までの間、抵当権者は無担保の状態になってしまう。要するに抵当権というのは、弁済を確実に受けることに向けた期待・安心のための術なのであって、抵当権侵害とは、こうした期待・安心が奪われることを意味する。

　判例には、複数の担保手段が講じられていて、そのうちの1つが不当に消失させられてしまった場合について、他の担保手段によって債権を回収することが十分可能であったとしても、どの担保権から債権の満足を得るかという選択の自由が侵害されたとして、不法行為に基づく損害賠償請求を認めたものがある。こうした見方を突き詰めていけば、被担保債権額を下回らない場合でも、また、弁済期前の段階でも、損害の発生や請求は何らかの形で認められる余地がありそうでもある。

　その一方、抵当権者の損害賠償請求の可否を決するうえでは、抵当不動産の所有者の利害も考慮する必要がある。たとえば、Aが住宅を購入するにあたり、この住宅に抵当権を設定して銀行Bから住宅ローン5000万円を借り受け毎月返済をしていたが、Cによって住宅が破壊されたとする。このとき、BがCの支払うべき損害賠償金を受領できるとしてしまうと（物上代位による場合も同様であるが）、Aは債務不履行をしたわけでもないのに賠償金を得ることができず、住宅の修理もままならなくなってしまうが、それは妥当性を欠くといわざるをえない。もちろん、抵当権者としては、抵当不動産の価値減少分を補うべく、損害賠償金を確保しておきたいところではあろう（→46頁）。しかし、賠償金によって住宅の修理がなされれば抵当権の侵害状態は解消されるのであるから、弁済期前には、所有者にこそ賠償金は支払われるべきとも思える。

　こうした問題を解決する方途としては、たとえば、不法行為時より抵当権者は損害賠償請求権を有するものの、被担保債権の不履行がない間の請求の内容としては（抵当不動産の修補に充てることを条件としつつ）所有者に支払うよう求めうるのみとすることが考えられる。あるいは、損害賠償金を受領した抵当権者に対して、所有者からの求めがあったときは修補費用についての融資義務を課す、という方策もありえよう。

3　設定者による抵当権侵害

抵当権設定者が抵当権を侵害した場合は、どのような救済が認められることになるか。さきに1(1)では、設定者による付加一体物の分離・搬出に対する物権的請求権を取り上げたが、以下で設定者による抵当権侵害について、物権的請求権以外の救済手段を取り上げることにする。

(1)　損害賠償請求

抵当権設定者は、使用収益権限を有しており、目的物の通常の用法に従った範囲で使用・収益を行うことができる。その使用収益権限を越えた行為をしたり、あるいは担保を滅失・損傷させたような場合、抵当権者は、抵当権侵害を理由とする不法行為責任として、あるいは、担保価値維持義務の違反による債務不履行責任として、損害賠償請求をすることができる。設定者の負うべき担保価値維持義務については、不法占拠者に対する抵当権者の妨害排除請求を認めた前掲最大判平成11・11・24においても示唆されている（→38頁）。

(2)　期限の利益の喪失・増担保請求

債務者が設定者である場合、債務者が目的物を損傷・滅失・減少させたときは、期限の利益を喪失するため（137条2号）、債務者はただちに債務を弁済しなければならなくなり、抵当権を実行することもできるようになる。もっとも、条文にはないが、抵当権者としては、ただちに期限の利益を喪失させるのではなく、担保の積み増しをすべきことを求めること（増担保請求）ができ、これに従わないときにはじめて期限の利益が失われると解されている。

IV　物上代位

1　物上代位とは

(1)　抵当権に基づく物上代位

第1章（14頁）でみたとおり、担保物権には物上代位性という通有性がある

とされている。物上代位性とは、担保物権の効力が目的物の代替物にも及び、担保権者がそこから優先弁済を受けられるという性質である。

　372条は先取特権に関する304条を準用しており、これが抵当権に基づく物上代位の根拠規定となる。ただし、抵当権の場合には債務者以外の者が目的物を所有することがあるので、「債務者」を「所有者」と読み替える必要がある。また、ただし書により、「金銭」の「払渡し」（「その他の物」の場合は「引渡し」）があると物上代位はできなくなるとされているから、物上代位の対象は実際には「金銭」そのものではなく、それが支払われる前の状態、つまり「債権」であることに注意してほしい。

　さて、このように読み替えた304条１項を額面どおりに受け取ると、抵当権に基づく物上代位とは、①抵当不動産が「売却」された場合の代金債権、②抵当不動産が「賃貸」された場合の賃料債権、③抵当不動産が「滅失又は損傷」した場合の損害賠償債権・保険金債権等に対し、抵当権者が優先権を行使しうる制度であるということになる。しかし、304条１項はもともと先取特権に関する規定である。これを抵当権に準用するにあたっては、担保物権としての性質の違いに応じたさらなる読み替えが必要なのではないか。具体的には、抵当権についても①～③のすべてを認める必要があるかが問われる。これが２でみる「物上代位の対象」の問題である。

(2) 物上代位の法的性質

　ところで、物上代位の法的性質については、価値権説と特権説という２つの考え方が対立してきた（価値権説については→21頁）。かつての通説である価値権説は、抵当権を目的物そのものではなくその交換価値を把握する権利（価値権）と捉え、目的物の交換価値が現実化したものにも抵当権の効力は当然及ぶから、物上代位は担保物権の性質上当然に認められる制度であると解する。これに対して特権説は、抵当権の目的物が滅失してしまえば物権である抵当権も本来は消滅するはずであるところ、抵当権者を保護するために法が特別に認めた制度が物上代位であると考える。価値権説の説明は、③のような損害賠償債権などへの物上代位を理解するうえではたしかに分かりやすい。しかし、②の賃料債権については、これを抵当不動産の交換価値の現実化と考えるのは困難で

ある。そこで価値権説からは、賃料債権に対する物上代位は認められないと解するのが自然だということになる。しかし現在では、物上代位の法的性質を一元的に解するのではなく、損害賠償債権・保険金債権など目的物の価値を代替するものに対する物上代位（代替的物上代位）と、賃料債権など目的物から派生して生じるものに対する物上代位（派生的物上代位）という2つの類型に分け、これらをともに認めるという考え方が有力になっている。

2 物上代位の対象

抵当権の場合にも、304条1項の文言どおり、①「売却」にともなう代金債権、②「賃貸」にともなう賃料債権、③「滅失又は損傷」にともなう損害賠償債権・保険金債権のそれぞれについて、物上代位を行うことが認められるだろうか。条文の順序とは異なり、物上代位が認められるどうかの判断が簡単なものから難しいものへ、③→①→②の順にみていこう。

(1) 損害賠償債権・保険金債権など

抵当権の目的物である建物が第三者の不法行為によって滅失・損傷したとき、建物所有者Aはこの者に対して損害賠償債権を取得する（709条）。また、抵当不動産が火災で滅失・損傷したときには、Aが保険会社Cに対して火災保険金債権を取得することもある（→【図表2-5】）。これらの場合には、建物の滅失・損傷によって抵当権を侵害された抵当権者Bに、その代償として損害賠償債権・保険金債権に対する優先権を与えるのが公平である。また、これらの損害賠償債権・保険金債権は抵当不動産の価値代替物であると解することができ、これらの債権に対して抵当権の効力が及ぶとするのは自然な考え方でもある。判例・通説も、このような場合に物上代位を肯定している。

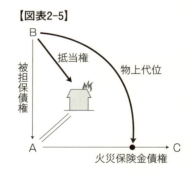

【図表2-5】

(2) 売却代金債権

では、抵当不動産の所有者Aがこれを第三者Cに売却したときに、抵当権者Bが代金債権に対して物上代位することは認められるべきだろうか（→【図表2-6】）。304条の明文どおり、これを認めてよいとする見解もある。しかし、304条がもともと規律対象としている動産先取特権は、担保目的物が売却されて買主に引き渡されるともはや行使できなくなることがあるので（333条）、その埋め合わせ

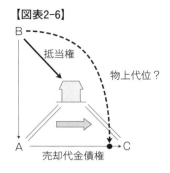

【図表2-6】

として売却代金債権に対する物上代位を認める必要性がある。これに対して抵当権には追及効があり、抵当権設定登記がされているかぎり、その後に抵当不動産を譲り受けたCにも対抗することができる（→26頁）。つまり、Bはなおもその不動産について抵当権を実行することができるので、それに加えて売却代金債権への物上代位まで認める必要性に乏しいのである。もし、Bがどうしても売却代金から被担保債権を回収したいというのであれば、Cの同意を取り付けて代価弁済（378条）という制度を使えばよいことである（→97頁）。これらの理由から、304条1項の文言にかかわらず、売却代金債権に対する物上代位は抵当権の場合には認められないとする見解が近時では有力である。

(3) 賃料債権

(a) 問題の所在と判例の立場

さらに難問なのは、抵当不動産の所有者AがこれをCに賃貸して得た賃料債権に対して、抵当権者Bが物上代位することができるかである（→【図表2-7】）。というのも、1(2)で述べたように、賃料債権は損害賠償債権・保険金債権とは異なって、抵当不動産の価値代替物と解するのが困難である。賃料債権を「目的物の交換価値のなし崩し的実現」とみて物上代位を肯定する見解もあったが、建物の場合には賃貸による価値の減耗を捉えて賃料を交換価値の実現とみることも不可能ではないとしても、土地が目的物である場合にはこの説明は妥当しない。また、抵当権はその実行までは目的物の使用収益権限を所有

者にとどめる非占有型の担保物権であるのに、賃料への物上代位を認めると、賃料を所有者の代わりに抵当権者が取得することになり、抵当権者が使用・収益をしているのとかわらなくなってしまう。これらの理由から、賃料債権に対する物上代位は認められないとする見解がかつては有力であった。

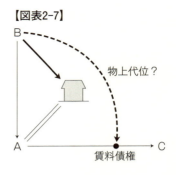

【図表2-7】

しかし、判例は、①372条によって先取特権に関する304条が抵当権にも準用されているところ、非占有型担保権としての抵当権の性質は、賃料への物上代位が304条の明文で認められている先取特権と異なるものではないこと、②第三者による使用の対価について抵当権の行使を認めても、所有者による目的物の使用を妨げるわけではないことを理由に、抵当権に基づく賃料債権への物上代位を認めた（最判平成元・10・27民集43巻9号1070頁）。

(b) 平成15年の担保・執行法改正

この平成元年判決を契機として、抵当権に基づく賃料債権への物上代位は実務上定着した。他方で、これを認めると賃料全額が抵当権者に持っていかれるので、賃貸不動産の維持管理に必要な資金が所有者のもとに残らなくなり、不動産が荒廃してしまうなどの問題点が指摘されるようになった。そこで、平成15（2003）年の改正により、この物上代位の問題点を解消しつつ賃料から優先弁済を受けられる抵当権実行手続（担保不動産収益執行制度）が民事執行法に新設された（→65頁以下）。ところがその際に、賃料債権に対する物上代位は廃止すべきだとする提案もされたものの、結局は物上代位もそのまま残されたので、現行法では賃料債権からの回収につき物上代位と担保不動産収益執行という2つの制度が併存している。

ところで、平成15年改正は、担保不動産収益執行の実体法上の根拠を明らかにするために371条を改め、抵当権の効力は不履行後の果実にも及ぶとした（→34頁）。この改正後は、賃料債権への物上代位を否定する解釈はもはや採りえないと思われるが、他方で、賃料債権への物上代位が不履行後にしか行えないことも文言から明らかであろう（3(2)参照）。

(c) 転貸賃料への物上代位の可否

抵当権設定者Aが抵当不動産をCに賃貸し、CがAの承諾を得てこれをDに転貸した場合に、AのCに対する賃料ではなく、CのDに対する転貸賃料に対して抵当権者Bが物上代位しうるか（→【図表2-8】）。これが問題となるのは、AがDへの賃貸にあたって会社としての実態がないペーパーカンパニーCを介在させ、AがCから受け取る賃料を低額に抑える一方で、CはDから相場どおりの賃料を受け取ることによって、賃料債権への物上代位を実質的に免れようとすることがあるからである（次の「賃料債権への物上代位が用いられるようになった背景」を参照）。これについて判例は、Cは自己の債権を被担保債権の弁済に供されるべき立場にはないとして、転貸賃料債権への物上代位を原則として否定しつつ、抵当権の行使を妨げるために法人格を濫用したなど、CをAと同視することができる場合には例外的にこれを認めるとしている（最決平成12・4・14民集54巻4号1552頁）。

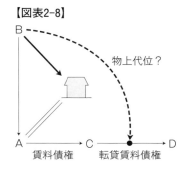
【図表2-8】

> **賃料債権への物上代位が用いられるようになった背景**
> 実は、債権回収の手段として賃料債権に対する物上代位がクローズアップされるようになったのは、比較的最近のことである。戦後、長期にわたって地価が上昇を続けていた頃には、抵当権者は抵当不動産を競売すれば被担保債権全額を回収できることが多かったので、賃料債権からの回収はほとんど注目を集めていなかった。しかし、バブル経済の崩壊後、地価の大幅な下落による担保割れ（被担保債権額よりも抵当不動産の価値のほうが低く、競売しても被担保債権を全額回収できない状態）に直面した抵当権者は、上記平成元年判決が抵当権に基づく賃料債権への物上代位を認めたことにも後押しされて、担保不動産競売を当面見合わせ、物上代位によって賃料債権からの回収を試みるようになったのである。これに対して債務者（抵当権設定者）の側も、物上代位を免れるべく、抵当不動産の転貸や賃料債権の譲渡・相殺などによって対抗したため、多くの事件が訴訟で争われるようになった。平成年間に入ってから、物上代位に

関する判例が急激に増加したことの背景には、このような事情が存在したのである。

3　物上代位の手続

(1)　差押えの方法

ここで再び304条をみてみよう。同条1項ただし書は、「払渡し又は引渡しの前に差押えをしなければならない」と規定している。では、ここにいう「差押え」はどのように行えばよいのだろうか（→【図表2-9】）。

民事執行法によれば、物上代位は、不動産に対する執行ではなく債権に対する執行の手続によるとされている（民執193条1項後段・2項）。そこで、304条1項ただし書の「差押え」とは、執行裁判所による債権の差押命令を指すことになる。まず、抵当権者Bは、抵当権設定登記がされた登記事項証明書を執行裁判所に提出し、差押命令を申し立てる。差押命令は執行裁判所から債務者A（抵当権設定者）および第三債務者C（物上代位の対象となる債権の債務者）に送達され、CはこれによってAへの弁済を禁じられる。Bは、Aに対して差押命令が送達された日から1週間の経過を待って、差し押さえた債権を直接取り立てることができるが、Cが任意の弁済に応じなければ取立訴訟を提起することになる。

また、差押えの後、Bは取立てではなく転付命令という手続によることもできる（ただし、他の債権者から競合する差押えがされればこれはできない）。転付命令が確定すると、転付命令の対象とされた債権（差し押さえられたAのCに対する債権）はBに移転し、Bの債権（抵当権の被担保債権）は移転した債権の券面額で弁済されたものとみなされる。転付命令によれば、BはAの他の債権者と競合することなくCから独占的に弁済を受けることができる反面、Cが無資力であってももはやAに弁済を求めることはできないというリスクを負う。

(2)　仮差押えの可否

民事執行法の債権執行手続は、BがAに対して有する債権の弁済期が到来していること（Aが債務不履行に陥っていること）を前提として開始されることに

【図表2-9】 差押えと取立権付与・転付命令

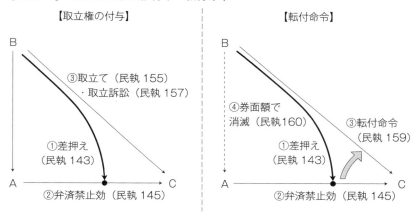

なっている。しかしこれだと、被担保債権の弁済期が到来する前に抵当不動産が滅失した場合には、損害賠償債権や保険金債権に対してBがただちに物上代位を行うことはできず、弁済期までにAがこれらの債権の弁済を受けてしまえば、Bはもはやどうすることもできなくなってしまう。これらの債権が抵当不動産の価値代替物であることを考えるならば、このような帰結は不当であり、Bは被担保債権の弁済期到来前であっても仮差押命令（民保20条）を申し立てることができると解すべきであろう（ただし、抵当不動産の所有者の利害を考慮する必要もあることにつき→43頁）。

これに対し、抵当権実行時までは使用収益権限を所有者にとどめるという非占有型担保物権の性質からすれば、賃料債権への物上代位については、被担保債権の弁済期到来前からBによる仮差押えを認めるべきではないだろう（2(3)(b)参照）。

(3) 差押えが必要とされる理由

(a) 特定性維持説と優先権保全説

では、304条1項ただし書が物上代位を行うために差押えを要求しているのはなぜだろうか。これについては、古くから特定性維持説と優先権保全説の対立があった。

特定性維持説は、抵当権者は本来は差押えをしなくても物上代位をすることができるはずであるが、払渡し・引渡しにより代位物が設定者の財産に混入した後まで抵当権の効力を認めるのは他の債権者を害するので、この混入を防ぎ代位物の特定性を維持するために差押えが要求されていると考える。この立場では、対象債権が譲渡されるなどしても、弁済がされていなければ物上代位はまだ可能であるとされる。

　優先権保全説は、対象債権に対する抵当権者の優先権は差押えによってはじめて保全されると考える。この立場によれば、差押えは、対象債権の譲渡などを禁じることによって第三者が害されないようにするという機能を果たす。したがってたとえば、差押えよりも前に対象債権が譲渡されて第三者対抗要件を具備すれば、抵当権者はもはや物上代位をすることができないという結論が導かれる。

　なお、かつてはこの議論は、1(2)で述べた物上代位の法的性質論と結びつけられ、価値権説からは特定性維持説に、特権説からは優先権保全説にそれぞれ至るのが論理必然的であると考えられていた。たしかに、価値代替物に抵当権の効力が当然に及ぶと解する価値権説は、抵当権者は本来は差押えを要しないが特定性を維持するためだけに差押えが要求されているという考え方につながりやすく、物上代位は法が特別に抵当権者に与えた権能であるとする特権説は、その特権を行使して優先権を保全するためには差押えが必要であるという考え方につながりやすい。しかし、今日では、物上代位の法的性質論は必ずしも差押えの趣旨目的の議論に直結するものではないと考えられている。

(b)　判例の立場

　判例には、先取特権に基づく物上代位についてではあるが、特定性の維持とならんで第三者の不測の損害防止を差押えの趣旨目的としたものがあり（最判昭和59・2・2民集38巻3号431頁→175頁）、このことから判例の立場は優先権保全説に近いとみられてきた。ところがその後に現れた判例は、抵当権に基づく物上代位に関して、特定性維持説とも優先権保全説とも異なる第3の立場を採用した（最判平成10・1・30民集52巻1号1頁）。この判例によれば、差押えの趣旨目的は主として、二重弁済を強いられる危険から第三債務者を保護することにあるとされる。このような判例の立場は第三債務者保護説とよばれることが

ある。

　しかしなおも問題なのは、差押えの趣旨は第三債務者の保護に尽きるのか、それとも、対象債権の譲受人などの第三者を保護する機能も含むのかという点である。上記の判例は、抵当権の効力が物上代位の対象債権にも及ぶことは抵当権設定登記によって公示されているとしたので、差押えには第三者保護の趣旨は含まれないと考えていることになろう。その結果、この判例では、特定性維持説に近い結論が導かれている（4(3)(a)参照）。なお、担保物権自体の公示手段が存在しない動産売買先取特権に基づく物上代位については、判例はこれとは異なる立場を採っていることに注意してほしい（→175頁）。

4　第三者の権利との競合

(1)　何が問題か

　304条1項ただし書によれば、物上代位のための差押えは、「払渡し又は引渡し」がされるまでに行わなければならない。しかし、何がこの「払渡し又は引渡し」に当たるかは、必ずしも判断が容易ではない。たしかに、第三債務者による設定者への弁済が差押えの前にされた場合には、これが「払渡し又は引渡し」に当たり、抵当権者の差押えはすでに消滅した債権に対してされたものとして「空振り」に終わることが明らかである。これに対し、他の債権者による差押え、対象債権の譲渡、第三債務者による相殺などについては、これらが行われた後は物上代位ができなくなるのかどうか、条文の文言から明らかではない。以下では、これらと物上代位が競合したときの優劣をどのように判断するかについてみていこう。

(2)　他の債権者による差押えとの競合

　設定者の一般債権者が対象債権を差し押さえた後であっても、物上代位権の行使は妨げられない（最判昭和60・7・19民集39巻5号1326頁参照）。ただし、一般債権者による差押えの時点で抵当権設定登記すらされていない場合には、抵当権者はすでに差し押さえられた債権に物上代位することはできない（最判平成10・3・26民集52巻2号483頁）。

(3) 債権譲渡・転付命令との競合

(a) 債権譲渡との競合――判例の立場

抵当権者Bが物上代位しようとした債権が、Bによる差押えの前にすでに第三者Dに譲渡されていた場合（→【図表2-10】）、この債権は、抵当不動産の所有者Aが「受けるべき金銭」（304条1項本文）に当たらず、もはや物上代位はできないとも考えられる。しかし、前掲最判平成10・1・30は、①304条1項ただし書の「払渡し又は引渡し」は当然に債権譲渡を含むものとは解されないこと、②Bに債権譲渡後の物上代位を認めても第三債務者Cに二重弁済の危険はなく、Cの利益は害されないこと、③抵当権の効力が物上代

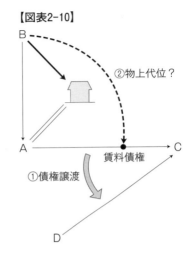

【図表2-10】

位の対象債権に及ぶことは抵当権設定登記によって公示されていること、④債権譲渡が物上代位に優先すると解すると、Aは債権譲渡によって容易に物上代位を免れることができ、Bの利益を不当に害すること、を理由に、Dに債権譲渡がされて第三者対抗要件が具備された後でもBは物上代位ができることを明らかにした。

(b) 学説による批判

学説においては、最判平成10・1・30に反対する見解も根強い。反対説は、同判決の挙げる①～④の理由づけをそれぞれ次のように批判する。①'「払渡し又は引渡し」に当たるかどうかという文言解釈はこの問題の決め手にならない。②' 304条は、対象債権の弁済受領権限が抵当権の設定によってただちに抵当権者に移転することを規定したものではないから、物上代位の行使前に第三債務者が設定者に弁済すればそれは当然に有効であって、そもそも第三債務者に二重弁済の危険はない。③' 抵当権の登記は、あくまで不動産に抵当権が設定されていることを公示するものであって、物上代位の対象債権の上に抵当権者が優先権を有していることまで公示するものではない。④' 同判決はAによる物上代位逃れ（執行妨害）が問題となった事案であり、このようなケースに

は権利濫用などの法理によって対処すれば足りる。

このうち②'については、判例を支持する立場より、差押え前の抵当権者が弁済受領権限を有していなくとも、抵当権の効力はすでに対象債権に及んでいるから、第三債務者が弁済によってこの債権を消滅させることが当然に認められるわけではないとの反論がされている。また、③'についても、差押え前からすでに抵当権の効力が対象債権に及んでいると考えるのであれば、判例のように抵当権設定登記の公示効を理解することも可能であり、物上代位の対象となりうる債権を譲り受けようとする者は、この判例を前提に、前もって抵当権設定登記の有無を確認しておくべきだともいえよう。つまり結局、判例と反対説の対立は、差押え前からすでに抵当権の効力が対象債権に及んでいるか、(及んでいるとして)それを差押えなくして第三者に対抗することができるか、という点に行きつくように思われる。

なお、①に関して反対説がいうとおり、304条の文言のみによってこの問題を決することはできないというべきである。債権譲渡が「払渡し又は引渡し」に当たるかどうかは、それ自体では答えが出せない命題であり、②〜④の実質的考慮こそがここでは重要なのである。

(c) 転付命令との競合

債権譲渡と同様に対象債権を移転させるものとして、転付命令がある。判例は、抵当権者Bが物上代位の対象債権を差し押さえる前に、他の一般債権者Dがこれを差し押さえて転付命令まで得ていたケースについては、DがBに優先するとしている(最判平成14・3・12民集56巻3号555頁)。転付命令は、他の債権者による競合差押えがないことを要件として執行裁判所が発令するものであり(民執159条3項)、これが確定すれば対象債権は差押債権者に移転してしまうので、その後は抵当権者がする差押えによっても転付命令の効力を妨げることはできない、というのがその理由である。この判例によれば、債権譲渡との競合の場合と異なり、抵当権者は転付命令の送達前に物上代位のための差押えを行わなければならないことになる。

(4) 第三債務者による相殺との競合

(a) 判例の立場

たとえば、抵当権者Ｂが賃料債権につき物上代位のための差押えを行った後、第三債務者Ｃ（賃借人）は、この賃料債権を受働債権とし、Ｃが設定者Ａに対して有する債権を自働債権として、相殺を行うことができるだろうか（→【図表2-11】）。一般債権者による差押えと相殺との競合については511条が規定しており、差押え時に自働債権・受働債権がと

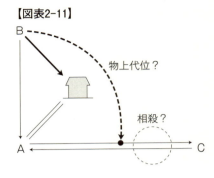

【図表2-11】

もに存在していれば、両債権の弁済期の先後を問わず相殺が可能であるとされている（→163頁）。これを上記の物上代位のケースにそのまま当てはめると、Ｂが物上代位のための差押えを行った時点でＣがＡに対する自働債権をすでに取得していれば、Ｃはこれと賃料債務との相殺をもってＢに対抗できる、ということになりそうである。

しかし最高裁は、物上代位によって抵当権の効力が賃料債権に及ぶことは抵当権設定登記により公示されていることなどを理由に、抵当権設定登記に後れて自働債権を取得したＣは相殺をもってＢに対抗できないとした（最判平成13・3・13民集55巻2号363頁）。つまり、Ｃとしては、自働債権の取得が物上代位のための差押えよりも前であるというだけでは足りず、その取得がさらに抵当権設定登記より前でなければ相殺をＢに対抗できない。ただし、自働債権の取得が抵当権設定登記に後れる場合でも、物上代位のための差押えがされるより前にＣが相殺の意思表示を行っていれば、その相殺により「払渡し又は引渡し」があったとして、Ｂにも対象債権の消滅を対抗することができる。

(b) 学説による批判

最判平成13・3・13は、「抵当権の効力が賃料債権に及ぶことは抵当権設定登記により公示されている」という判示からも窺われるとおり、最判平成10・1・30の延長線上にあるものと理解できる。もっとも、最判平成10・1・30は抵当権設定登記による公示を第三者との関係でしか問題にしておらず、第三債

務者との関係では二重弁済の危険を負わせないため差押えを基準としていた（第三債務者保護説）。これに対して最判平成13・3・13では、抵当権設定登記による公示の効力を第三債務者との関係でも認めている。そこでこれについては、第三債務者がただちに知りうるとは限らない登記を基準としている点において、最判平成10・1・30が採る第三債務者保護説の立場と相容れないのではないか、という批判もされている。

　しかし、相殺が問題となる局面では、ＣはＡに対する債権（自働債権）を有しており、その意味でＣはＢと債権の回収を相争う関係にある（相殺が担保的機能を有することについては→161頁）。つまり、ここでのＣは、物上代位の対象債権を差し押さえた一般債権者や対象債権の譲受人と同様の立場にあると解することができるのである。また、相殺をＢに対抗できないとされても相殺がなかったものとされるだけであり、Ｃが二重弁済を強いられるおそれもない。このように考えれば、これら２つの最高裁判決を矛盾なく説明することができるだろう。

(c)　敷金の場合

　ところで、最判平成13・3・13を前提にすると、賃借人Ｃが、賃貸人Ａに差し入れていた敷金の返還請求権を自働債権として相殺をしようとしても、この相殺はＢに対抗できないことになりそうである。というのも、敷金返還請求権は賃借人が目的物を賃貸人に明け渡した時にはじめて発生すると解されており、そうするとＣが自働債権を取得するのは常に抵当権設定登記の後ということになるからである。しかしこれでは、Ａの資力が悪化したときでも、Ｃは敷金が将来返ってこないかもしれないことを覚悟しつつ毎月の賃料を支払わなければならないため、Ｃの保護に欠ける。そこで最高裁は、目的物返還時に残存する未払賃料債権（＝物上代位の対象債権）は敷金充当により当然に消滅し、ＣはこのＡ当然消滅をＢにも対抗できるとして、賃借人保護に一定の配慮をみせている（最判平成14・3・28民集56巻3号689頁）。

> **物上代位に関する判例の流れとその評価**
> 　最判平成10・1・30は、債権譲渡との競合の事例で第三債務者保護説を採用したが、これは執行妨害の事案であって権利濫用などの一般条項で対処するこ

ともできたはずであり、それにもかかわらず、判例が物上代位に強い優位性を認める第三債務者保護説を一般理論として打ち出したことには批判的な見解も多かった。しかし、最判平成13・3・13は最判平成10・1・30を踏襲し、物上代位により抵当権の効力が賃料債権に及ぶことは抵当権設定登記によって公示されているとして、相殺との競合場面でも物上代位に強力な優位性を与えた。この判例に対しても、学説上は多くの批判がある。

　もっとも、学説のなかには、この2つの判例がいずれも賃料債権に対する物上代位の事案であったことに着目し、抵当権に基づく賃料債権への物上代位を広範に認めるこの判例法理を、不動産処分と賃料処分との「衝突問題」における「バランスのとり直し」として肯定的に位置づけるものもある。つまり、債権譲渡などによって将来にわたる賃料を事前処分することは広く認められるようになっているが（→157-158頁）、将来の賃料債権がすでに譲渡された後で賃貸不動産を買った者は、その後何年にもわたって賃料を収取できない可能性がある。こうなると、賃貸不動産の価値自体が乏しくなって、不動産流通が阻害されかねない。そこで、物上代位の判例法理はこのような賃料処分に対抗する「押さえ石」の役割を果たすというのである。

　ところがその後、転付命令との競合に関する最判平成14・3・12や、敷金充当との競合に関する最判平成14・3・28が相次いで現れ、これらはいずれも物上代位の優位性を制限する判断を示した。これにより、債権譲渡と転付命令、相殺と敷金充当はそれぞれ類似の機能を有するにもかかわらず、物上代位との優劣に関して結論を異にすることとなったが、判例が示す論拠でこの結論の違いを説明できるかについては、学説の多くは懐疑的である。学説のなかには、最判平成10・1・30および最判平成13・3・13が物上代位の効力を強く認めすぎたのを修正するため、最高裁がこの平成14年の2つの判決で揺り戻しを図ったのではないかという見方もある。

V　優先弁済権の実現

1　抵当権の優先弁済効

(1)　優先弁済効とその実現方法

抵当権者は、抵当不動産から、他の債権者に先立って自己の債権の弁済を受

けられる（369条1項）。この優先弁済効が抵当権にとって最も本質的な効力である。第1章（→1-2頁）でみたとおり、債務者が債務超過に陥ると、各債権者は各自の債権額に応じて平等の立場で按分配当を受けられるにすぎないのが原則である（債権者平等の原則）。つまり、一般の債権者は、自分が貸付けを行った後で債務者が他の債権者から過剰な借入れを行うと、債権全額の回収ができなくなるリスクを被らざるをえない。これに対し、抵当権の設定を受けた債権者は、抵当権の目的物である不動産を売却して得られる代金や、その不動産の賃貸などにより生じる収益から、他の債権者を押しのけて優先的に自分の債権の回収を行うことができるのである。

　抵当権者が自らの主導で優先弁済効を実現することを抵当権の実行という。これには、抵当不動産を競売にかけてその売却代金から優先弁済を受ける担保不動産競売と、抵当不動産の生み出す収益から優先弁済を受ける担保不動産収益執行がある。また、抵当権者は、この2つの手続によるほか、Ⅳでみたとおり物上代位によって賃料等から優先弁済を受けることもできる。これらの手続の相互関係については後述する。

　なお、被担保債権の弁済がない場合には法定の手続によらずに抵当権者が目的不動産の所有権を取得する旨の特約がされることがあり、これを抵当直流（ていとうじきながれ）という。質権と異なり（349条→121頁）、抵当権にはこれを禁じる規定はないが、譲渡担保などと同様に、抵当不動産の価額が被担保債権額を上回る場合にはその差額を清算すべき義務が抵当権者にあると解される（→128-129頁）。

　また、法定の競売手続によらずに目的不動産の買い手を探してきて、この買主が支払う売買代金から被担保債権の弁済を受けるという私的実行の方法もある。これは任意売却とよばれ、手続が簡便で売却価格も競売より高くなる傾向があることから、実務ではよく用いられている。ただしこの任意売却には、後順位抵当権者等の同意が必要である（→130頁）。

(2) 倒産手続との関係

　債務者の経済状態が健全で、約束どおりに債務を弁済してくれているかぎり、抵当権者は担保不動産競売や担保不動産収益執行によって債権の優先的な回収を図る必要はない。抵当権の優先弁済効が本当に必要とされるのは、債務

者が経済的に行き詰まり、被担保債権の弁済が困難になったときである。債務者の倒産はその最たる場面であり、この局面で抵当権がどのように扱われるかは、抵当権の担保としての価値を大きく左右する。そこでここでは、倒産手続のうち代表的なものである破産手続において、抵当権がどのように処遇されるかをみておこう。

　破産手続は債務者の財産の清算を目的とする手続であり、債権者は個別の権利行使を禁じられ、手続内で債権額に応じた按分配当を受けられるにとどまるのが原則である。しかし、ここでも抵当権を有する債権者は優先弁済権を認められてしかるべきである。そこで、抵当権者は別除権者（べつじょけんしゃ）として扱われ、破産手続によらずに抵当権を実行して優先弁済を受けることができるとされている（破65条1項）。

会社更生手続・民事再生手続における抵当権の処遇

　倒産手続には、破産のほかに会社更生手続や民事再生手続などがある。このうち会社更生手続は、債務者の事業再建を目的とするものであるが、事業の継続に欠かせない不動産に抵当権が設定されているような場合もあり、抵当権の実行を制限しなければ手続の目的を十分に果たせないことが多い。そこで、抵当権者は手続外で抵当権を実行することができないとされ、そのかわりに更生担保権者として他の債権者よりも有利な扱いを受けることになっている（会更50条1項・168条1項・3項）。

　民事再生手続も、債務者の再生を目的とする点では会社更生手続と共通する。しかし、民事再生手続は中小企業や個人事業者を主たる適用対象とし、簡易性・迅速性を特徴とするものであるが、ここに抵当権を組み込むと手続が重くなってしまう。そこで、破産手続と同じく民事再生手続でも抵当権者は別除権者として扱われ、手続外で抵当権を実行して優先弁済を受けることができるとされている（民再53条）。ただし、抵当権が実行されると債務者の事業継続が困難になる場合には、担保権実行中止命令（民再31条）が出されることもありうる。

2　担保不動産競売

(1)　担保不動産競売の手続

　担保不動産競売は、裁判所が担保の目的物である不動産を競売によって換価し、その売却代金を担保権者に優先的に配当するもので、民事執行法に基づいて行われる（民執180条1号。同188条は強制競売に関する同45条以下を準用する）。以下ではその手続の概略を説明するので、【図表2-12】のフローチャートも参照しながら、おおまかなイメージをつかむことに努めてほしい。

　抵当権を実行するためには、当然であるが抵当権が存在していなければならないほか、被担保債権の弁済期が到来していなければならない。つまり、債務不履行に陥らなければ原則として抵当権が実行されることはない。この要件を満たすと、抵当権者は担保不動産競売による抵当権の実行を地方裁判所（執行裁判所）に申し立てることができる。その際、抵当権の存在を証する文書を裁判所に提出しなければならないが、これは担保権の登記に関する登記事項証明書によるのが通常である。一般の強制執行手続とは異なり、確定判決等の債務名義を得る必要はないので、迅速に競売手続を行えるのが抵当権者にとっての大きなメリットである。

　競売の申立てを受けた執行裁判所は、競売開始決定をし、抵当権者のために不動産を差し押さえる旨を宣言する。競売開始決定がされると、差押えの登記が職権で行われる。これによってその不動産の処分は禁止されるが、買受人の代金納付までは、所有者は通常の用法に従ってその不動産を使用・収益することはできる。

　執行裁判所は、配当要求の終期を決定してこれを公告するとともに、目的不動産の現況調査・評価を行って売却基準価額を決定する。買受申出人はこの売却基準価額の8割以上の額で買受けの申出をしなければならない。

　売却は通常は入札の方法で行われ、最高価買受申出人が売却許可決定を得て買受人となる。この買受人は、代金納付期限までに代金を執行裁判所に納付すれば、納付の時点でその不動産の所有権を取得する。

　納付された売却代金は、執行裁判所が作成する配当表に基づいて債権者に配当される。配当を受ける債権者は、申立てを行った抵当権者のほかに、重ねて

【図表2-12】 担保不動産競売の流れ

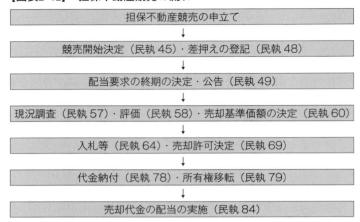

差押えをした債権者、配当要求の終期までに配当要求をした債権者、差押えの登記の前に登記された担保権者である。これらの債権者に対してどのような基準で配当額を割り付けるかについては後述する。この配当によって抵当権は消滅し、被担保債権の全額が弁済されなかった場合には、残額は無担保の一般債権として存続する。

(2) 配当における優先順位

担保不動産競売手続において、抵当権者は、無担保の債権者に優先して配当を受けることができる。それでは、同じ不動産に担保物権を有している債権者が他にいた場合にはどうだろうか。

まず、同じ不動産について別に抵当権の設定を受けた者との関係では、抵当権設定登記の先後に従って優先順位が決められる（373条）。同じ不動産について質権者がいる場合も同様である（361条・373条）。たとえば、債務者A所有の甲不動産について、Bの抵当権（債権額4000万円）、Cの抵当権（債権額3000万円）、Dの抵当権（債権額2000万円）の順序で抵当権設定登記がされ、後に甲不動産が6000万円で競売されたとすると、まず1番抵当権者であるBの被担保債権を弁済するために4000万円が配当され、残りの2000万円は2番抵当権者Cに配当される。Dへの配当はまったくなされない。Cの被担保債権の残額1000万

円と、Ｄの被担保債権全額2000万円は、担保のない一般債権として残る。

　これに対し、先取特権との優劣はやや複雑であり、細かいルールが民法に規定されている（→173頁）。また、留置権は優先弁済権を有しない担保物権であるが、次の(3)でみるように、事実上は抵当権に優先して弁済を受けられる。

(3) 抵当不動産上の他の権利はどうなるか
(a) 引受主義と消除主義

　抵当権の目的物である不動産には、他の債権者が別に抵当権や質権の設定を受けていたり、所有者と賃貸借契約を結んで利用している賃借人がいたりすることがある。担保不動産競売が行われた場合にこれらの担保権や利用権がどうなるかは、この不動産がいくらで売却できるかに影響を及ぼす。

　かりに、競売を申し立てた抵当権者よりも優先する担保権は消滅しないとするならば、買受人は先順位担保権の被担保債権額を控除した額でしか入札を行わないはずである。なぜならば、この場合に買受人が担保権の負担のない「まっさら」な不動産を手に入れるためには、残っている担保権の被担保債権を自ら弁済して、この担保権を消滅させなければならないからである。同様に、所有者が設定した利用権を買受人が引き継がなければならないとするならば、買受人はこの不動産を、利用権の負担が付着したものとして低く評価するだろう。なぜならば、この場合には買受人は不動産を自分で思うように利用することができず、せいぜい利用権者から賃料を得られるにとどまるからである。

　このように、競売を申し立てた抵当権者に優先する担保権・利用権が存続し、買受人に引き受けられるとする立法を、引受主義（ひきうけしゅぎ）という。これに対し、競売によって抵当不動産上の他の権利を消滅させ、「まっさら」な不動産を取得させることで買受人が現れやすくしようとする立法もあり、これを消除主義（しょうじょしゅぎ）という。

(b) 他の担保権との関係

　日本の民事執行法は、担保権に関しては、原則として買受人に引き受けられず順位に応じた配当を受けて消滅するとして、消除主義を採用している（民執59条１項）。これは、後順位の担保権について競売が申し立てられた場合にも、また担保権が設定された不動産について一般債権者が競売を申し立てた場合に

も当てはまり、担保権者にはその順位に応じて優先的な配当が与えられるかわりに、担保権は消滅する。担保権の目的は被担保債権の優先弁済を受けることにあり、その目的を達するのであれば消滅するとしても差し支えないからである。

(2)で示した例でいうと、2番抵当権者Cが担保不動産競売手続を申し立てた場合、C自身の2番抵当権やこれに後れるDの3番抵当権のみならず、Bの1番抵当権も売却によって消滅する。Bの抵当権は、これに劣後するCの抵当権の実行によって消滅させられることにはなるが、この手続においてBは被担保債権全額（4000万円）の配当を受けられるので、抵当権の設定を受けた目的は果たされているのである。他方、Dや一般債権者Eが競売を申し立てられるとすると、Cは被担保債権3000万円のうち一部（2000万円）の配当しか受けられないにもかかわらず、Cの抵当権も消滅することになって利益を害される。そこで、配当を受ける見込みがないDやEが申し立てた競売手続は、執行裁判所によって取り消されることになっている（無剰余措置：民執63条）。

担保権に関しては以上が原則であるが、留置権については優先弁済的効力がないため、これに対する配当は行われない。しかし他方で、留置権には留置的効力が認められていることから、これに配慮して引受主義が採用されている。つまり、競売手続によっても留置権は消滅せず、買受人に引き受けられる。買受人が不動産の引渡しを受けるためには、留置権者に対してその被担保債権を弁済しなければならない（民執59条4項）。この結果、留置権者は事実上は抵当権者に優先して弁済を受けられることになる（→186-187頁）。同様に、不動産質権者は特約がなければ目的不動産の使用収益権限を有するので（356条）、これが最先順位にある場合には競売によって消滅せず買受人に引き受けられる。これに対して、競売によって消滅する抵当権よりも後順位である場合には不動産質権も消滅する。

(c) 利用権との関係

抵当権に後れて設定された利用権（賃借権・地上権など）は競売によって消滅し、買受人はこれらの負担のない不動産を取得する（民執59条2項）。これに対して、利用権の設定が抵当権よりも先に行われて対抗力を備えている場合には、この利用権は競売によっても消滅せず買受人に引き受けられる（→74-75

頁)。実行された抵当権には対抗できても、売却によって消滅する担保権(最先順位の抵当権など)には後れるという場合には、利用権はやはり消滅することに注意が必要である。たとえば、2番抵当権者Cには対抗できるが1番抵当権者Bには対抗できない賃借権は、Cの抵当権実行によっても消滅する。

(4) 債権者としての権利行使の制限

ところで、(2)の例における甲不動産の抵当権者Cは、被担保債権の債権者としての地位もあわせもつので、これに基づき、債務者の他の一般財産(乙不動産)に対して強制執行を申し立てることもできそうである。しかしこれは無制限には認められない。Cは、甲不動産について優先弁済権が与えられているかわりに、甲不動産から弁済を受けられない部分(1000万円)に限って乙不動産から弁済を受けられるとされているからである(394条1項)。つまり、Cはまず甲不動産から弁済を受けなければならず、Cが甲不動産の抵当権を実行せずに先に乙不動産の強制執行をしようとした場合には、他の債権者Eはこれに異議を申し立てることができる。

これに対し、Cが甲不動産の抵当権を実行するよりも先にEが乙不動産の競売を申し立てた場合には、甲不動産からいくらCが回収できるかその段階ではわからないため、Cも被担保債権全額(3000万円)につき乙不動産の競売手続の配当に参加できる。しかし、このときEはCへの配当を供託するよう求めることができる(394条2項)。後で甲不動産が競売されると、Cは弁済を受けられなかった額(1000万円)について、Eと平等の割合で供託金の還付を受けることになる。

3　担保不動産収益執行

(1) 制度創設の経緯

担保不動産競売とならぶもうひとつの抵当権実行手続が、担保不動産収益執行である。この手続は、賃料に対する物上代位の問題点を改善するために、平成15(2003)年の担保・執行法改正で新設されたものである。

判例が抵当権に基づく賃料への物上代位を認めてから(→48頁)、これによる債権回収が広く行われるようになったが(→49-50頁「賃料債権への物上代位が用

いられるようになった背景」)、その問題点も次第に明らかになってきた。すなわち、抵当権者が物上代位によって賃料を持っていってしまうと、所有者のもとにはその不動産を維持管理するための資金が入ってこなくなり、不動産が荒廃してしまう。そうすると、それを嫌って賃借人が退去してしまい、物上代位すべき賃料もなくなるという悪循環に陥りかねないのである。

そこで平成15年の担保・執行法改正では、従来から一般債権者のために設けられていた強制管理という手続にならって、裁判所が選任する管理人が抵当不動産を管理し、そこから生じる収益を収取して抵当権者に配当するという手続を新設した。これが担保不動産収益執行の手続である（民執180条2号）。なお、これにあわせて民法でも371条の改正があり、被担保債権の不履行後は賃料を含む果実にも抵当権の効力が及ぶとされて（→34頁）、担保不動産収益執行に実体法上の根拠が与えられた。

物上代位と比較した場合の担保不動産収益執行の特徴は、①管理費用を控除したうえで配当がされるため、抵当不動産の適切な維持管理が図られる、②管理人は新たに借主を探してきて賃貸借契約を締結することが認められており、これによって抵当不動産の効率的な利用が行われうる、③管理人は所有者の占有を解いて自らこれを占有することができるため、執行妨害の対抗手段となりうる、などである。もっとも②に関しては、後に担保不動産競売が行われると、管理人によって設定された賃借権も買受人に対抗できずに消滅するため（2(3)参照）、実際には借り手は見つからないのではないかという指摘もある。

このように、担保不動産収益執行は賃料からの優先的な回収を可能とする点で物上代位と共通しており、物上代位で問題となった点に対する手当もされている。そこで、この制度の導入に際しては、あわせて抵当権に基づく賃料への物上代位を廃止することも検討された。しかし、担保不動産収益執行は裁判所によって管理人を選任してもらうという重い手続であり、管理人には報酬も支払わなければならない。これだと小規模の賃貸物件では費用倒れになってしまうおそれがあるため、結局は賃料への物上代位も存置されることになった。したがって、同一の不動産についてこれら2つの手続が競合することも起こりうるが、この場合の取扱いについては(3)で説明する。

(2) 担保不動産収益執行の手続

　担保不動産収益執行は、一般債権者による強制執行制度である強制管理の規定を準用して行われる（民執188条・93条以下）。ただし、抵当権の実行手続である点では担保不動産競売と共通しており、手続開始のために債務名義は不要である。以下ではこの手続の流れを簡単に説明する（→【図表2-13】）。

　抵当権者からの申立てを受けた執行裁判所は、担保不動産収益執行の開始決定をし、抵当権者のために不動産を差し押さえる旨を宣言する。以後、所有者は収益の処分が禁止され、賃借人は賃料を管理人に支払うよう命じられる。管理人は開始決定と同時に執行裁判所によって選任され、抵当不動産の管理および収益の収取・換価をする権限を有する。(1)で述べたように、管理人は当該不動産について新たに賃貸借契約を結んだり、所有者の占有を解いて自らこれを占有することもできる。したがって、所有者がこれまで自ら使用していた不動産を賃貸して賃料収入を得ることもできる。

　管理人は、収取した収益（賃料）から不動産の租税公課や管理人の報酬その他の必要な費用を控除したうえで、その残額につき配当を実施する。なお、担保不動産競売の場合と異なり、抵当権者は自ら担保不動産収益執行の申立てをしないと配当に与かることができない。したがってたとえば、2番抵当権者Cが担保不動産収益執行を申し立てた場合や、一般債権者Eが強制管理を申し立てた場合にも、1番抵当権者Bは何もしないと賃料からの配当を受けることはできない。Bが配当を受けるには、自らも担保不動産収益執行を申し立てて二重開始決定を受ければよく、この場合には抵当権の優先順位に従って配当がさ

【図表2-13】 担保不動産収益執行の流れ

```
担保不動産収益執行の申立て
        ↓
収益執行開始決定・差押え・収益処分の禁止等（民執93）
        ↓
管理人の選任（民執94）
        ↓
管理人による管理・収益収取・賃貸等（民執95）
        ↓
管理人による配当の実施（民執107）
```

れる。このように担保不動産競売と異なる取扱いがされるのは、担保不動産収益執行ではBの抵当権が消滅することはなく、Bに優先弁済を受ける機会を保障しなければならないという要請が存在しないためである。また、自動的にBにも配当されるということにしてしまうと、Bの抵当権が根抵当権である場合にはこれが確定事由となってしまい、Bの期待に反するということも理由に挙げられる（根抵当権の確定については→111頁以下）。

　なお、担保不動産収益執行と債権譲渡・相殺などが競合する場合の取扱いは問題であるが、物上代位に関する一連の判例法理（→53頁以下）が解決の参考になろう。実際、ある判例は、担保不動産収益執行と相殺との競合事例に関して、物上代位と相殺に関する最判平成13・3・13を踏襲している（最判平成21・7・3民集63巻6号1047頁）。

(3) 担保不動産競売・物上代位との関係

　担保不動産競売と担保不動産収益執行は、ともに抵当権の実行方法として法定された手続であり、同一の抵当不動産についてこれら両方の手続が開始することもありうる。ただし、競売手続において買受人が現れ、代金が納付されて抵当権が消滅すれば、その時点で担保不動産収益執行手続は取り消される。

　(1)で触れたとおり、担保不動産収益執行の新設に際して賃料への物上代位の廃止も検討されたものの、結局はこれら2つの手続は併存することとなった。そこで両者の調整が必要となるが、これについては、担保不動産収益執行と物上代位が競合した場合には前者が優先し、物上代位のための差押えが先行していても、担保不動産収益執行の開始決定があればこの差押えの効力は停止するとされている。この場合、物上代位のための差押えをしていた抵当権者は、担保不動産収益執行の手続のなかで抵当権の優先順位に従って配当を受けることになる。

4　共同抵当

(1) 共同抵当とは

　ここまでは、ひとつの不動産にのみ抵当権が設定されているケースを主に念頭に置いてきた。これに対して、ひとつの債権を担保するために複数の不動産

に抵当権が設定されることもある。これを共同抵当という。

共同抵当は、実務では広く用いられている。その理由は、①個々の不動産では担保価値が十分ではない場合に、複数の不動産をまとめて担保とすることによって大きな額の被担保債権をカバーできるようにするため（担保価値の集積）、②一部の不動産について滅失・損傷や地価の下落などがあっても、その減価分を他の不動産で補えるようにするため（危険の分散）、③日本では土地と建物が別個の不動産とされているが、これをともに担保にとることによって両者を一体として取り扱えるようにするため、などであり、とくに③の理由によるものが多いと思われる。

共同抵当が成立するには、同一の債権を担保するために数個の不動産に抵当権が設定されるだけで足りる。これらの抵当権が同時に設定される必要はないし、不動産ごとに所有者（設定者）が異なっていてもよい。共同抵当は登記によって公示されるが、これには対抗要件としての意味はなく、単に権利関係を明らかにするためのものにすぎない。というのも、対抗要件としての登記はそれによって利益を受ける者が行うべきものであるが、次の(2)でみるように、共同抵当としての取扱いがされることによって利益を受けるのは登記を行う共同抵当権者ではなく、その後順位の抵当権者だからである。したがって、共同抵当の登記がなくても、後順位抵当権者は、先順位抵当権が実体として共同抵当の関係にあることを主張できると解されている。

(2) 共同抵当における配当

共同抵当といっても、抵当権は不動産ごとに複数存在しており、共同抵当権者はそのいずれの不動産について抵当権を実行するかを自由に選択できる。そのため、共同抵当の後順位にさらに抵当権が設定されている場合には、共同抵当権者がどの不動産から抵当権を実行するか次第で、後順位抵当権者の優先弁済権に大きな影響が及ぶ可能性がある。

たとえば、債権者Bが債務者A所有の甲土地（価額6000万円）・乙土地（価額4000万円）のそれぞれに1番抵当権（債権額5000万円）を共同抵当として有しており、甲土地にはCの2番抵当権（債権額4000万円）、乙土地にはDの2番抵当権（債権額3000万円）がそれぞれ設定されていたとする（→【図表2-14】）。ここ

【図表2-14】 共同抵当

	甲土地 （A所有） 価額 6000 万円	乙土地 （A所有） 価額 4000 万円
1番抵当権	抵当権者B（共同抵当） 債権額 5000 万円	
2番抵当権	抵当権者C 債権額 4000 万円	抵当権者D 債権額 3000 万円

で、共同抵当に関して何もルールがなければ、次のような不都合が生じる。

①Bが甲土地から先に抵当権を実行すると、売却代金6000万円のうち5000万円はまずBに配当され、残りの1000万円が2番抵当権者のCに配当される。これでBの抵当権の被担保債権は完全に満足を受けるので、乙土地上のBの1番抵当権は付従性により消滅し、Dが1番抵当権者に昇進する。次に乙土地について競売が行われると、売却代金4000万円からDが3000万円の配当を受け、残りの1000万円はAの一般債権者に配当される。

②これに対し、Bが乙土地から先に抵当権を実行すると、売却代金4000万円は全額Bに配当され、Dにはまったく配当が回らない。その後、甲土地が競売されると、売却代金6000万円のうちまず1000万円がBの未回収分のために配当され、次にCが4000万円の配当を受けられる。残りの1000万円はAの一般債権者に配当される。

つまり、甲土地が先に競売される①ではB＝5000万円、C＝1000万円、D＝3000万円の配当が行われるのに対し、乙土地が先に競売される②ではB＝5000万円、C＝4000万円、D＝0円となり、CDの利益状況が大きく異なってくる。そうすると、どれだけの配当を受けられるかを事前に予測できないCDは、そもそも抵当権の設定を受けてAに貸付けを行おうと思わなくなるので、Aの有する甲土地と乙土地の担保余力が十分に活用されないことになりかねない。

そこで民法は、このような不都合を回避するため、共同抵当における配当のルールを設けている（392条）。これには、目的不動産全部が同時に競売・配当

される場合（同時配当）のルールと、一部の不動産のみが先に競売・配当される場合（異時配当）のルールがあるが、そのいずれの場合によっても各抵当権者が受ける配当額は変わらないように配慮がされている。

(a) 同時配当の場合

同時配当の場合には、各不動産の価額に応じて、被担保債権の負担を按分したうえで配当が行われる（392条1項）。【図表2-14】の例でいうと、Bの被担保債権5000万円は、価額6000万円の甲土地と価額4000万円の乙土地に3：2の割合で割り付けられ、Bは甲土地から3000万円、乙土地から2000万円の配当を受ける。このとき、Cは甲土地から3000万円、Dは乙土地から2000万円の配当をそれぞれ2番抵当権者として受けることができる。

(b) 異時配当の場合

一部の不動産のみが先に競売・配当される異時配当では次のようになる。たとえば、【図表2-14】で甲土地が先に競売される場合、Bは売却代金6000万円から被担保債権全額5000万円の配当を受けられるが（このときCにも残りの1000万円が配当される）、甲土地の2番抵当権者Cは、同時配当であればBが乙土地から受けるはずであった配当額2000万円を限度として、乙土地上のBの1番抵当権に代位する（1番抵当権の移転を受ける）ことができる（392条2項）。やがて後に乙土地が競売されると、その売却代金4000万円のうち、まず2000万円がBの1番抵当権に代位したCに配当され、次いで2番抵当権者Dに残りの2000万円が配当される。結局、配当額はB＝5000万円、C＝3000万円、D＝2000万円となり、(a)でみた同時配当の場合と同様の結果が導かれることになる。

(3) 物上保証人・第三取得者がいる場合の配当

(2)では、甲土地・乙土地ともに債務者Aが所有している場合のルールをみたが、甲土地・乙土地のいずれか（あるいは両方）が物上保証人の所有である場合や、共同抵当が設定された後で甲土地・乙土地の一方が第三取得者に譲渡された場合にはどうなるだろうか（以下の議論を十分に理解するには「弁済による代位」の知識が必要である。債権総論のテキストで学習しておいてほしい）。

(a) 共同抵当の目的不動産の一部が物上保証人の所有である場合

【図表2-14】の例を少し変えて、乙土地の所有者が物上保証人Eであるとす

る（→【図表2-15】）。このケースでは、甲土地の２番抵当権者Ｃは392条による割付けへの期待を有する一方で、Ｅも弁済による代位（499条・501条）への期待を有しており、両者の利益が衝突する。しかし、Ｅとしては、最終的に債務を負担すべきなのは債務者本人であるＡだと考えていたはずであり、その後に甲土地にＣの２番抵当権が設定されたからといって、それを理由にこの期待を奪うのは不当である。したがって、次にみるように、この場合には392条の割付けは行われないと解されている。

【図表2-15】

	甲土地 （Ａ所有） 価額6000万円	乙土地 （Ｅ所有） 価額4000万円
１番抵当権	抵当権者Ｂ（共同抵当） 債権額5000万円	
２番抵当権	抵当権者Ｃ 債権額4000万円	抵当権者Ｄ 債権額3000万円

　同時配当の場合には、共同抵当権者に対し、債務者所有の不動産からまずは配当がされ、次に不足分があれば物上保証人の不動産から配当がされる。上の例でいうと、共同抵当権者ＢはＡ所有の甲土地の売却代金6000万円から被担保債権全額5000万円の配当を受け、甲土地の２番抵当権者Ｃは残額1000万円の配当に甘んじる。乙土地の売却代金4000万円は、まずＤに3000万円が配当され、残りの1000万円はＥに帰属することになる。

　異時配当の場合にも同時配当と同様の結果が実現される。つまり、甲土地が先に競売されても392条２項は適用されず、Ｃは乙土地上のＢの抵当権に代位することはできない。逆に乙土地が先に競売されると、Ｅは競売で失った乙土地の価額4000万円について甲土地上のＢの抵当権に代位することができる（499条・501条）。乙土地の２番抵当権者だったＤは、Ｅが代位するこの抵当権から、あたかも物上代位をするのと同様にＥに優先して配当を受け、被担保債権3000万円の優先弁済を得ることができる（最判昭和53・7・4民集32巻5号785頁）。

(b) 共同抵当の目的不動産の全部が物上保証人の所有である場合

これには、甲土地・乙土地とも同一の物上保証人Eが所有する場合と、甲土地はE、乙土地はFという具合に、それぞれ別個の物上保証人が所有する場合とがありうる。前者の場合（同一の物上保証人が所有する場合）について、判例は、392条を適用して甲土地と乙土地への被担保債権の割付けを行うこととしている。後者の場合（異なる物上保証人が所有する場合）にも甲土地と乙土地への割付けが行われるが、その根拠は392条ではなく501条3項3号に求められるとする見解が多数である。

(c) 共同抵当の目的不動産の一部が第三取得者の所有である場合

ここでも【図表2-14】の例を少し変えて、Bの共同抵当権が設定された後に乙土地が債務者AからGに譲渡され、他方で甲土地についてCのために2番抵当権が設定されたとする（→【図表2-16】）。この場合、Gも物上保証人と同様に、甲土地上のBの抵当権に代位することができるはずであるが（499条・501条）、Cとの関係が問題となる。

【図表2-16】

	甲土地 （A所有） 価額6000万円	乙土地 （A所有→G所有） 価額4000万円
1番抵当権	抵当権者B（共同抵当） 債権額5000万円	
2番抵当権	抵当権者C 債権額4000万円	―

多数説は、Cへの抵当権設定とGへの譲渡の先後に応じ、場合を分けて考えている。

①Gが乙土地を取得する前に、Cが甲土地について2番抵当権の設定を受けていた場合、Cとしては、499条・501条によって甲土地上のBの1番抵当権に代位できる者はいないと考えていたはずである。この期待を保護するため、Gは甲土地上のBの抵当権に代位することはできない。

②これに対し、Cの抵当権が設定される前に乙土地がGに譲渡されていた

場合には、Gは代位ができるという期待をもって乙土地を取得したはずであり、後から設定されたCの2番抵当権によってこの期待が奪われてはならない。そこでこの場合には、Gの499条・501条に基づく代位は認められるべきであるとされる。

VI　利用権との関係

1　競売の前後での関係の変化

　抵当権は、非占有担保である。目的不動産の交換価値のみを支配するのであって、使用価値には及ばない。これらから、抵当権者は、原則として目的不動産の利用関係に干渉することができない。その一方で、不動産の所有者は、賃借権や地上権等の用益物権が存在する物件に抵当権を設定することも、反対に、抵当権が存在する物件を賃貸することもできる。抵当権と賃借権等は、さしあたって互いに衝突することなく共存する。だが、この共存関係は、抵当権の実行としての競売がされることによって対立関係に変貌する。抵当権と賃借権等の間での優劣（177条・605条、借地借家10条・31条）が競売を境に一挙に表面化するのである（以下も含め、とくに26頁、63-65頁参照）。

　まず、抵当権に劣後する賃借権等は、原則として競売における買受人の登場にともなって消滅する（民執188条・59条2項→64-65頁）。賃借権等を買受人に引き受けさせると、競売での売却代金はその負担の分、安くなってしまうのが普通である。売却代金の低下は、抵当権者が回収できる金額の減少を意味する。抵当権者としては、回収できる金が少ないならば、そもそも抵当権の設定を受けて貸し付ける金の額を減らすしかない。これを避けるためには、抵当権設定時に存在しなかった賃借権等の消滅を原則とする必要があるのである。

　しかし、競売によって常にただちに賃借権が消滅するとの結論は、後述するように、賃借人だけでなく、抵当不動産の所有者の利益に反する。抵当権者の利害にさえ合致しないこともある。その帰結を否定して賃借人を保護することが、かえって抵当権の利用可能性を高めることがあるのである。そこで、現在は、「明渡猶予」と「同意による対抗」という制度を通じた賃借人の保護が図

られている（→2）。

　次に、抵当権の設定登記よりも前に対抗要件を備えた用益物権や賃借権は、後に設定された抵当権の実行によって覆されるいわれはない。買受人の登場後も存続する。たとえば、Aが所有する甲土地があり、この土地上にBが乙建物を有し、その保存登記が経由されているとしよう。AとBとの間には甲土地の賃貸借契約が結ばれている。その後、Aが甲土地に抵当権を設定し、この抵当権が実行されたとしても、Bは、自己の賃借権を買受人に対抗することができる。

　もっとも、この例におけるように、土地の所有者が抵当権に対抗できる敷地利用権を設定しておくかどうかを抵当権設定前の合意によってコントロールすることが常に可能かというと、そのようなことはない。民法は、それができない場合のため、法定地上権という制度を用意している（→3）。また、これに一括競売という制度が付随する（→4）。

2　賃借人の保護

(1)　明渡猶予

(a)　制度導入までの経緯——（旧）短期賃貸借保護制度

　競売がされると、抵当権に劣後する賃借権等は、原則として消滅する。しかし、賃借権が競売によって消滅し、賃借人がただちに不動産を明け渡さなければならないというのでは、抵当権が存在する不動産の借り手が現れにくい。借り手の立場になって考えてもらいたい。アパートを借りたところで、それからわずか数日後に競売がされたからと、すぐに部屋から追い出される可能性があるのでは、抵当権が設定されている物件を気軽に借りることなどできない。貸し手としては、賃料をかなり下げて借り手を探すことを強いられることになろう。これでは、抵当権が目的不動産の使用・収益をその所有者に留保した意味の大部分が損なわれる。抵当権を設定して融資を受けようとする者も現れにくくなる。

　このように、競売後、買受人が賃借人に即時に立退きを強要できることは、賃借人にとって都合が悪いだけでなく、抵当権の利用可能性自体を大きく減じる。そこで、かつては、旧395条本文が短期賃借権に一定の保護を与えていた。

その定めによれば、602条所定の期間を超えない賃借権（短期賃借権）は、抵当権の設定登記の後に対抗要件を具備したものであっても、抵当権に対抗することができた。つまり、たとえば建物に抵当権が設定されたとして、その建物について3年を超えない賃貸借契約が結ばれたとき、この賃貸人の地位は、買受人が承継することになっていた。賃借権を競売後ただちに消滅させないことで、抵当権の利用可能性を確保しようとしていたのである。こうして買受人は、その賃借人から賃料を受け取る権利を手に入れはする。だが、買い受けた不動産を賃借人に使用させる義務はもちろん、敷金の返還義務をも承継しなければならなかった。

この短期賃貸借保護制度は、いわゆる占有屋によって大いに悪用された（→38頁も参照）。たとえば、賃貸借契約の内容として不相当に安い賃料が合意された。買受人は、賃料を受け取れるとしても、ごくわずかな金額のそれしか得られない。賃借人となっている者が、転貸を可能とする特約（612条1項）も付けさせることで、不動産を転貸し、安い賃料と相場どおりの転貸賃料との間の差益でひと儲けすることさえあった。また、不相当に高額な敷金を差し入れたことにして、その返還を買受人に迫るといったことも行われた。このようないわくつきの物件を競売で速やかに高額で売却することができるはずがない。立退料という名目で理由なき金員が抵当権者から占有屋に支払われることがしばしばあった。

そこで、平成15（2003）年の法改正は、短期賃貸借保護制度を廃止し、395条に新たに明渡猶予という制度を設けることにした。

悪質な賃借人に対する抵当権者の対抗方法

虚偽の短期賃貸借契約を結んだことにして、これを盾に抵当不動産に居座る者もいた。とくに、賃借人を称する者がただでさえ安い賃料の向こう数年分を前払いしたと主張する場合は、虚偽の契約である可能性が極めて高い。理屈のうえでは、虚偽表示を理由にその無効を認定し（94条1項）、その者の占有権原を否定し、排除につなげる、という手立ても考えられなくはない。だが、虚偽表示の立証は困難である。このような場合、旧法下における抵当権者は、悪質な賃貸借契約も一応は有効なものであることを前提にしつつ、その解除を求め

ることができた（旧395条ただし書）。しかし、この解除権は短期賃貸借の保護制度とともに廃止された。現在、悪質な賃借人に対しては、その賃貸期間の長短に関係なく、前掲最判平成17・3・10の法理（→39頁）をもって対抗していくことになる。

(b) 制度の概要

明渡猶予とは、抵当権の存在する建物を賃借した者に対して、競売によって買受人が建物所有権を取得した時から6か月を経過するまで、その建物の明渡しを猶予する制度をいう（395条1項柱書）。これによって、抵当建物の競売があっても、それを借り受けていた者は、即時に建物から追い出されることを免れ、引越しの準備を整えることができる。

注意すべきは、元賃借人は明渡しをただちに行う必要がないだけであり、その占有権原であった賃借権自体は競売での買受人による建物所有権の取得にともなって消滅する点である。買受人との間で6か月を上限とする賃貸借関係が法律によって成立するわけではない（後述の法定地上権とは違う）。

したがって、買受人は、修繕義務といった賃貸人としての義務を負わない。敷金返還義務を承継することもない。このため、競売物件について高額の敷金が差し入れられていたとしても、買受人がこれによる出費を求められることはない。

賃貸借契約が承継されないことになったので、買受人が賃料支払請求権を取得することもない。しかし、元賃借人は、明渡しを強制されないだけであって、建物の使用利益は不当利得になる。このため、元賃借人は、不当利得返還義務として賃料相当額の支払義務を買受人に対して負う。こうして、元賃借人が不相当に安い賃料を支払って建物を使ってきたとしても、買受人は、相場どおりの賃料相当額の支払を元賃借人に対して求めることができる。買受人が元賃借人に対して相当の期間を定めて1か月分以上の支払を催告し、その期間内に支払がされなかったときは、買受けの時から6か月以内であっても、猶予は打ち切られる（395条2項）。

(c) 要件

猶予を得ようとする者が抵当建物の使用または収益をする者でなければなら

ない（395条1項柱書）。

　抵当権と賃貸借の目的物が土地であった場合の猶予は認められない。土地の賃借人にとって、6か月という期間が猶予されても十分な保護にはならない一方で、6か月の猶予を認めると新たな弊害が生まれかねないこと（占有屋に新たな口実を与えること）がその理由である。

　また、競売手続開始前から現に使用・収益をする賃借人のみが猶予を得ることができる（395条1項1号）のが原則である。現に居住等をしない者には引越しを準備するための期間は無用だからである。競売手続が開始した物件に新たに占有屋が舞い込むことを防ぐ必要もある。

　もっとも、競売手続開始後の賃借人にも猶予が与えられる場合がある。そのような賃借人に当たるのが、強制管理または担保不動産収益執行の管理人が競売手続の開始後に締結した賃貸借（→67頁）により、使用または収益をする賃借人である（395条1項2号）。この場合に賃貸借契約を結ぶのは、──占有屋と結託しやすい──抵当不動産の所有者ではなく、管理人であるため、占有屋が現れる危険性が低いからである。

(2)　同意による対抗制度

　賃借人がいる抵当不動産の買受価格は低額になるのが普通である。だからこそ、劣後賃借権は競売によって消滅するのが原則である（→74頁）。だが、抵当不動産が賃貸マンションやオフィスビルのように、最初から賃貸されることを前提とする収益物件であった場合はどうだろうか。賃借権を消滅させ、それまでいた賃借人を退去させ、改めて賃借人を募集しなければならないとすると、実に無駄が多い。旧来の賃借人と賃貸借契約を結び直すだけでも手間と費用は大いにかさむ。その賃借人を従来どおりに存在させたままのほうが買受人にとって都合がよい場合があり、賃借人の存在は、不動産の売却価格を高くすることさえあるのである。

　そこで、387条が、抵当権設定登記後に賃貸借契約を締結した賃借人が抵当権に対抗可能になるための手立てを設けている。同条は次の3つをその要件とする。

　第1に、賃借権が登記されている必要がある（387条1項）。土地の賃貸借に

おける地上建物の登記や、建物の賃貸借における建物の引渡し（借地借家10条・31条）では不十分である。

　第2に、抵当権者全員の同意の登記がなければならない（387条1項）。

　第3に、抵当権者の同意によって不利益を受ける者がいるときは、その承諾が必要である（同条2項）。たとえば、転抵当権者がいる場合には、その承諾が求められる。

3　法定地上権

(1)　制度の必要性と地上権成立の根拠

(a)　制度の必要性

　たとえば、Aが甲土地とその地上の乙建物を所有し、甲土地にBのための抵当権が設定されたとしよう。後日、競売がされ、Cが甲土地を買い受けたとき、買受人Cは、乙建物の収去（つまりその取壊し）と、甲土地の明渡しをAに求めることができるか（→【図表2-17】［土地抵当型］）。

　Aは、Cが甲土地を買い受けることで、その所有権を失う。もはや、自己の所有権を敷地利用権として乙建物を所有し続けることができないのは間違いない。Cの請求は認められそうである。だが、土地にしか抵当権を設定していなかったAが建物までも失うという結論は妥当か。

【図表2-17】　法定地上権の成立

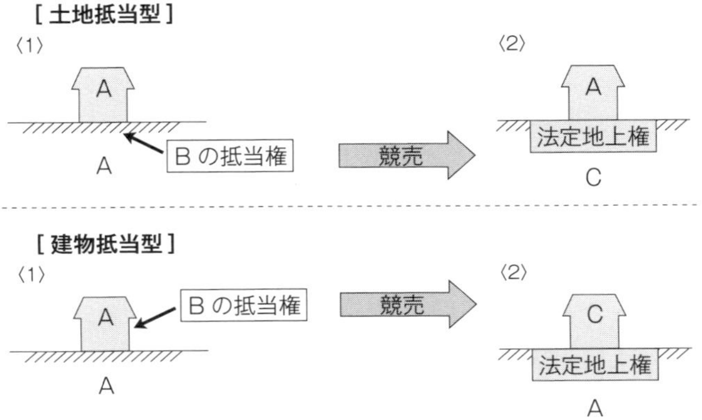

［土地抵当型］
〈1〉Aの建物・土地にBの抵当権　競売　〈2〉Aの建物に法定地上権／Cの土地

［建物抵当型］
〈1〉Aの建物にBの抵当権／Aの土地　競売　〈2〉Cの建物に法定地上権／Aの土地

抵当権が土地でなく、建物に設定された場合はどうか。Aが甲土地とその地上の乙建物を所有し、乙建物にBのための抵当権が設定されたとしよう。後日、競売がされ、Cが乙建物の買受人となったとき、Aは、乙建物の収去と甲土地の明渡しをCに求めることができるか（→【図表2-17】[建物抵当型]）。

　この場合のCは、買受けの前にAから敷地利用に関する合意を取り付けていない。Cが約定利用権を有していないからには、Aの請求は認められるようにも思える。だが、これではCがわざわざ建物を買い受けた意味がなくなる。Aの請求は到底認めがたい。

　結論をいえば、上記いずれの場合においても、建物収去および土地明渡しの請求は認められない。どちらの場合でも、388条の適用によって法定地上権が成立し、これが乙建物の敷地利用権になるからである。

　388条は、一定の場合に地上権を成立させる。当事者の合意ではなく、388条という法の定めに基づいて成立する地上権であるため、法定地上権と呼ばれる。

　法定地上権は、どの国にでもある制度ではない。建物を土地の一部とみる国では、土地に設定された抵当権の効力が建物にも及ぶ。建物は、競売によって土地とともに同一人によって買い受けられるため、土地と建物の所有者が別人にはならない。したがって、競売後の建物のための敷地利用権を別途考慮する必要はない。これに対して、日本法は、土地と建物をそれぞれ別の不動産とし（370条本文は土地抵当権の効力が建物に及ばないことを明示する→29頁）、競売の結果、土地所有者と建物所有者が別人になりうる法制を採るからこそ、法定地上権を必要とする。

　とはいえ、土地と建物が別個の不動産であることを前提にしたとしても、自己借地権の設定が可能ならば、法定地上権は不可欠な制度ではなくなる。かりに、自己を借主とする借地権を設定・登記することが可能であるとして、土地抵当型事例のAがそれらをした後にBに抵当権を設定したとしよう。その後、競売が行われ、買受人Cが登場したとしても、Aは、Bの抵当権に先行する借地権を有しているため、これをCに対抗することができる。Aは、その借地権を敷地利用権として乙建物を所有し続けることができるのである。だが、現行法上、自己借地権の設定は一般的には認められていない（借地借家15条1項は例

外)。そうである以上、法に基づく地上権の成立を認めるほかない。
　(b)　**地上権成立の根拠**
　地上権が法に基づいて成立することの根拠は２つある。
　①公益上の要請　　地上権の設定を認めないと、建物の取壊しを認めざるをえない。これは、国民経済上の損失（国家規模での資産のマイナス）である。388条は、これを防ぎ、建物を保存する手段として、その敷地利用権となる法定地上権を成立させる。
　②当事者の合理的な意思の推測　　地上権が法に基づいて成立するとして、このことと当事者の意思がまったく無関係かというと、そうではない。たとえば、79頁の土地抵当型事例におけるAは、甲土地のみに抵当権を設定することで、抵当権の実行によって甲土地を失う可能性は覚悟していたものの、乙建物には抵当権を設定していないため、その喪失を想定していなかった。むしろ、甲土地を失ったとしても、何らかの敷地利用権を取得し、これに基づいて乙建物の所有を継続することを期待していたはずである。甲土地にしか抵当権を取得しなかったBも、Aのそうした考えを受け入れるつもりでいたからこそ、乙建物への抵当権の設定を受けなかったといえる。このように、AとBは、抵当権が実行されたときには乙建物のための敷地利用権を留保しようとの意思を有していたはずであるから、388条はこれを実現するのである。
　要するに、法定地上権の成立は、国民経済という公益上の要請と、当事者の意思という私益への適合性の二面から裏付けられている。もっとも、公益と私益は、常に調和するわけではない。後述するように、両者は対立することもあり、このときどちらを優先すべきかの判断を迫られることがある。つまり、建物を壊してでも私益を重視すること、あるいは反対に、建物を維持するために当事者の（一方の）利益をないがしろにすることを決断しなければならない場合がある。また、当事者の合理的意思の推測についても、抵当権者と設定者（厳密には抵当不動産の所有者）が法定地上権の成否に正反対の利害をもつため、その推測は困難である。これらに法定地上権をめぐる問題の難しさの原因の多くがある。現在の判例は、私益、とくに抵当権者の利益に反しないことを優先する傾向にある（→92頁「法定地上権成立の根拠・再論」）。

> **法定地上権をめぐる法と現実のズレ**
>
> 　当事者の合理的な意思の推測といっても、地上権（265条）を設定しようとの考えが現実の抵当権者と設定者の頭をよぎることはまずない。考えるとすれば、賃貸借契約の締結であろう。
>
> 　起草者は、他人の土地上で建物を所有するための敷地利用権として地上権が用いられると予想していたから、388条における法定の利用権として地上権を選んだ。だが、現実社会で通常用いられているのは賃借権であり、これに次いで用いられているのは家族の間での使用借権（593条）であろう。法は、現実の当事者からすれば、不合理な意思を推測し、取引の実際からすると物権という強力すぎる権利（たとえば譲渡が自由）の成立を擬制しているのである。ここに法と現実のズレがあり、これが、とくに後述(4)で扱う問題の難解さの原因になっている。
>
> 　仮登記担保法10条は、388条と同様の場面で、法定地上権でなく、法定借地権の成立を規定する。388条をめぐる立法提言にはさまざまなものがあるが、取引の実際の見地から、法定の権利を賃借権とする法改正は一考の価値があるのではなかろうか。

(2) 法定地上権の内容と成立要件の概要

　法定地上権の内容は、設定契約によって成立する通常の地上権と同じである。法定地上権にも265条以下と借地借家法の適用がある。もっとも、法定地上権は、設定契約によらずに生じる地上権であるため、とくに地代や存続期間は、地上権成立後に決定される必要がある。判例によれば、地代と存続期間のいずれも、まずは当事者の協議によって決められるべきであるとされる（協議で存続期間を定めるときは30年を越えるものでなければならない〔借地借家30条ただし書〕）。その協議が調わないときは、地代は当事者の請求に基づいて裁判所によって定められ（388条後段）、存続期間は30年となる（借地借家3条本文）。

　では、いかなる場合に法定地上権が成立するのか。2つの時点における、計4つの要件が満たされていなければならない。第1に、抵当権設定の時点で、①土地上に建物が存在すること、②この土地と建物とが同一の所有者に属すること、③土地または建物に抵当権が設定されることが必要である。第2に、そ

の後、④競売によって土地と建物の所有者が別人になることが必要である。それぞれみていくが、難解な問題は①②にかかわる。難しさの大きな要因は、抵当権設定から実行までの間に生じた事情の変化を法定地上権の成否に反映させるか否かの判断が要求されることにある。

③④に関する説明をさきに済ませておこう。

競売を経た後であっても、土地と建物が同一人に帰属するならば、建物は、土地所有権に基づいて存続しうる。法定地上権の成立が必要なのは、競売後の土地と建物の所有者が別人である場合に限られる。このことから要件④が求められる。

では、土地と建物の双方に抵当権が設定された（→69頁③の理由による共同抵当）場合において、競売の結果、それぞれの所有者が別人になったときにも法定地上権の成立を認めることができるか。要件③をめぐる問題である。

388条の「土地又は建物」という文言からは、そのどちらか一方のみに抵当権が設定された場合にしか法定地上権が成立しないようにも思える。しかし、判例は、共同抵当の場合であっても、競売によって土地と建物の所有者が別人になったときには、どちらか一方のみに抵当権が設定された場合と等しく、建物保護の要請が存在するとの理由から法定地上権の成立を認める（大判明治38・9・22民録11輯1197頁）。学説にもこの帰結に異論はない。388条の「又は」は、抵当権が土地と建物の双方に設定された場合はもちろん、どちらか一方に設定されさえすれば要件が充足される、という意味で理解される（なお、土地と建物の双方に抵当権が設定された場合の抵当権による目的不動産の支配について→86-87頁）。

(3) 地上建物の存在（要件①）

(a) 更地抵当型α──抵当権設定後に建物が築造された場合

388条は、抵当権設定の時点で土地上に建物が存在することを求める。このことからすると、更地に抵当権が設定された後に建物が築造され、さらに後日、抵当権が実行された結果、建物所有者でない者が土地の買受人として登場した場合、法定地上権は成立しないことになる。せっかくの新築家屋は取り壊される。これでよいのか（→【図表2-18】）。

地上権成立の根拠として語られる国民経済という観点を推し進め、建物の取

【図表2-18】 更地に抵当権が設定された場合

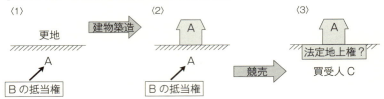

壊しを防ぐべきであるとして、更地に抵当権が設定された場合にも法定地上権の成立を肯定する有力説もある。しかし、抵当権者が更地として土地の担保価値を評価していたにもかかわらず、法定地上権の成立を肯定すると、この負担の分、抵当権の実行によって抵当権者が得られる金額は低くなる（更地としての価額から7割前後の減）。これは、土地を更地として担保価値を算定していた抵当権者にしてみれば不測の損害であり、認められない。

では、更地に抵当権が設定された後に築造された建物は、常に取壊しの対象になるのか。一括競売がされることで存続する余地がなおも残されている（→94-95頁）。

(b) 更地抵当型β——抵当権者の承諾がある場合

抵当権設定時に、将来、更地に建物が築造されることを抵当権者が了承していた場合はどうか。抵当権者に不測の損害が生じるわけではないから、法定地上権の成立を認めてもよさそうである。だが、予期せぬ損害からの保護は、買受人についても考慮する必要がある。買受人が、抵当権の設定されていた土地を法定地上権の負担がない土地として1000万円で買い受けたとしよう。それにもかかわらず、抵当権者の承諾を理由に法定地上権が成立するとなると、どうであろう。自ら土地を利用することはできないし、土地の価値は300万円ほどしかないというのでは、買受人にとって踏んだり蹴ったりである。このため、抵当権者が買受人でもあるといった特別の事情がないかぎり、法定地上権の成立を否定するのが一般的な理解である。

(c) 建物滅失型——抵当権設定後に建物が滅失した場合

Aが甲土地と乙建物を有するところ、甲土地のみにBのための抵当権を設定したが、その後、乙建物が取り壊されたとする。この場合において、甲土地の

競売によってCがこれを買い受けたとき、法定地上権は成立するか。

Bは、抵当権設定時において、法定地上権の成立を覚悟していたから、その成立を認めても、Bに不測の損害は生じない。しかし、通説は、法定地上権によって取り壊しを防ぐべき建物は存在しないから、その成立は否定されるべきだとする。

(d) 建物再築型α——土地のみに抵当権が設定されていた場合

Aが甲土地と乙建物を有するところ、甲土地のみにBのための抵当権を設定した。その後、乙建物が取り壊され、丙建物が再築されたとする。この場合において、甲土地の競売によってCがこれを買い受けたとき、法定地上権は成立するか（→【図表2-19】）。

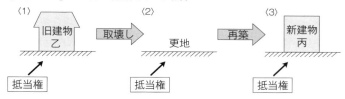

【図表2-19】　建物が再築された場合

判例は、乙建物という旧建物を基準とする法定地上権の成立を認める。理由はこうである。抵当権者Bは、抵当権の設定に際して乙建物のために法定地上権が成立することを覚悟していた。そうである以上、旧建物乙を基準とする法定地上権ならば、これを新建物丙のために認めたとしても、抵当権者にとって不測の損害にはならない。

旧建物を基準とする、とは何を意味するのか。借地法2条1項は、堅固建物は60年、非堅固建物は30年と、借地権の存続期間を分けていた。このため、取り壊された旧建物が非堅固建物で、再築された新建物が堅固建物であった場合には、旧建物を基準とするかどうかが法定地上権の存続期間の長短に影響した。だが、その後制定された借地借家法のもとでは、その区別がされなくなった（常に30年→82頁）。現在、旧建物を基準とするかどうかは、成立する地上権の範囲にかかわってくるといわれる。この理解によれば、旧建物が敷地の2分の1を必要とするものであったならば、新建物についても敷地の2分の1を上

限とする地上権しか認められない。

　(e)　建物再築型β──土地と建物双方に抵当権が設定されていた場合

　では、(d)の事例における抵当権者が、甲土地だけでなく、乙建物にも抵当権の設定を受けていた（共同抵当）場合にも、法定地上権の成立が認められるか。

　かつての判例・通説である個別価値考慮説は、次の理由から法定地上権の成立を肯定していた。すなわち、土地と建物は別個の不動産である。土地に対する抵当権と、建物に対する抵当権は、それぞれ土地と建物に内在する交換価値を個別に把握している。そして、共同抵当の場合にも法定地上権が成立する（→83頁）。これらから、抵当権者は、共同抵当の設定を受けることで、当初、乙建物への抵当権によって「乙そのものの価値プラス乙のための法定地上権の価値」を支配するとともに、甲土地への抵当権によって「甲の更地としての価値マイナス乙のための法定地上権の価値」を支配していたと考えることができる（土地の価値から利用権分の価値を除いたものを底地価格という）。その後、乙が取り壊されると、乙建物の抵当権は消滅する。抵当権者による「乙そのものの価値プラス乙のための法定地上権の価値」の支配も消えるのである。そうだとしても、甲土地への抵当権の支配内容に変更は生じない。Bの抵当権は底地価格しか支配していないのだから、法定地上権の成立を受忍するべきである。

　しかし、バブル崩壊後、この帰結の悪用が目立つようになった。共同抵当の目的となっている建物を取り壊し、バラックのような簡易な建物を築造することで抵当権者による法定地上権分の価値支配を排除するという事態が多々生じたのである。そこで、最高裁は、執行妨害に対抗するべく、次のように述べて全体価値考慮説という立場を採用し、その場合における法定地上権の成立を原則として否定した（最判平成9・2・14民集51巻2号375頁）。

　共同抵当の目的である「建物が取り壊されたときは土地について法定地上権の制約のない更地としての担保価値を把握しようとするのが、抵当権設定当事者の合理的意思であ」る。かりに、「抵当権が設定されない新建物のために法定地上権の成立を認めるとすれば、抵当権者は、当初は土地全体の価値を把握していたのに、その担保価値が法定地上権の価額相当の価値だけ減少した土地の価値に限定されることになって、不測の損害を被る結果になり、抵当権設定当事者の合理的な意思に反する」。

全体価値考慮説は、抵当権が甲土地について支配する対象が、乙建物の取壊しによって変更すること（法定地上権分の価値の追加的支配）を認める。個別価値考慮説との違いはここにある。

(4) 土地と建物の同一所有者への帰属（要件②）
(a) 設定時における別人への帰属

抵当権設定の時点で土地と建物の所有者がそれぞれ別人であった場合、法定地上権は成立しない。抵当権が設定される前の段階で、土地所有者と建物所有者との間で何らかの約定利用権が合意されており、これに基づく建物の存続を認めうるからである。

たとえば、Aが甲土地を所有し、Bが、甲土地に関する賃貸借契約をAと結んだうえで、乙建物を所有しているとする。この場合において、Aが甲土地に抵当権を設定し、この抵当権が実行され、買受人Cが現れた（→【図表2-20】［土地抵当型］）。この場合のBは、抵当権に先行する自己の賃借権について、自身で対抗力を具備させることができるのであり（→74-75頁）、ならば、あえて法定地上権をBに認める必要はない。

また、上記のケースで、Aが甲土地に抵当権を設定するのではなく、Bが乙建物に抵当権を設定し、この抵当権が実行され、買受人Cが現れた場合も（→

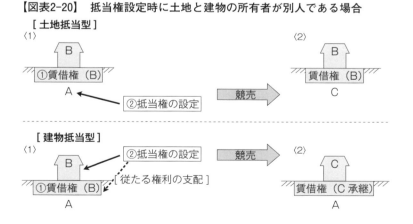

【図表2-20】 抵当権設定時に土地と建物の所有者が別人である場合

【図表2-20】［建物抵当型］）、法定地上権を認める必要はない。乙建物上の抵当権は、従たる権利である賃借権にも及ぶ（→33頁）ため、買受人Cは、この賃借権を承継し、これに基づいて乙建物を所有することができるからである。

(b) 事後的な同一人への帰属

抵当権設定時の土地と建物の所有者が別人であったならば、競売までの間に土地と建物の所有権が同一人に帰属するようになったとしても法定地上権は成立しない。(a)の土地抵当型のケースで、Aによる甲土地への抵当権の設定と競売までの間にAがBから乙建物を取得した場合を例にして考えてみよう（→【図表2-21】）。

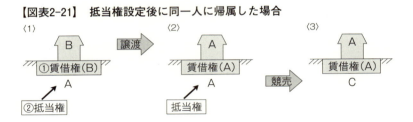

【図表2-21】 抵当権設定後に同一人に帰属した場合

このとき、乙建物を譲り受けたAは、乙だけでなく、その敷地利用権である賃借権もBから承継する。同一物（甲土地）について所有権と賃借権が同一人に帰属することになってはいるが、甲土地が第三者の権利（抵当権）の目的となっているため、賃借権は、所有権との混同によって消滅しない（179条1項ただし書の類推適用）。Aは、この賃借権に基づいて建物の所有を継続できるから、法定地上権を認める必要はない。

(c) 事後的な別人への帰属

以上に対して、抵当権設定時に土地と建物の所有者が同一人でありさえすれば、実行までの間に土地または建物が第三者の所有に帰したとしても、法定地上権は成立する。

たとえば、Aが甲土地とその地上の乙建物を所有しているとする。Aが甲土地に抵当権を設定した後、Bが乙建物を譲り受け、次いで抵当権が実行され、Cが買受人となった（→【図表2-22】）。

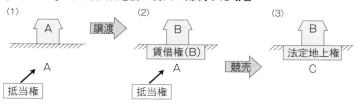

【図表2-22】 抵当権設定後に別人に帰属した場合

　この場合における法定地上権の成立はこう説明できる。Bが乙建物を譲り受けるにあたって、AB間で賃貸借契約が締結されたとしても、この賃借権は抵当権の設定に後れるから、Bが賃借権をCに対抗することはできない。このため、賃借権は競売により消滅する（→74頁）。建物を保護するには、法定地上権の成立を肯定する必要があるのである。その一方で、法定地上権の成立を認めたところで、抵当権者は、抵当権設定時にその成立を覚悟していたはずであり（設定時の状況は、79頁の土地抵当型と同じである。したがって、ここでの抵当権者と79頁の抵当権者は、設定時点では同じ覚悟〔→81頁〕をしていたはずである）、その不測の損害はないといえる。

(d)　敷地利用権が使用借権であった場合

　(a)の【図表2-20】［土地抵当型］の事案では、建物乙の敷地利用権が賃借権であることを前提とした。問題は、ABの間に地代の支払がなく、せいぜい使用貸借契約（593条）しか認められない場合である。父親Aの甲土地を子Bが無償で借り受けて乙建物を築造し、これに居住していたところ、Aが甲土地に抵当権を設定し、この抵当権が実行されてCが甲土地を買い受けた、という場合が典型である。このような事案は、親子間だけでなく、夫婦間でも生じうる。法定地上権の成立は認められるか。

　使用貸借については、賃貸借に関する605条に相当する規定がないため、Bが使用借権をCに対抗する、ということがありえない。そこで、建物を保護するためにBに法定地上権を認める必要がある、とも考えうる。しかし、388条の法文に反する。また、法定地上権制度が必要な理由は、自己借地権という形で抵当権設定前に対抗可能な敷地利用権を土地所有者が用意しておくことによる自衛が一般的に不可能なことにあった（→80-81頁）。上記のBは、父親Aと

の間であっても、賃貸借契約を締結することによる自衛が可能であった。これらの理由から、判例は、法定地上権の成立を否定する。

　(e)　複数の抵当権が土地に設定された場合α——１番抵当権存続型

　では、次の場合はどうか。

　子Ｂが所有する乙建物は、父親Ａの甲土地上に存する。Ａが甲土地に１番抵当権を設定した後、Ｂが相続によって甲土地の所有権を取得した。さらにＢが甲土地に２番抵当権を設定した。競売の結果、Ｃが甲土地の所有権を得た（→【図表2-23】）。

【図表2-23】　複数の抵当権が設定された場合

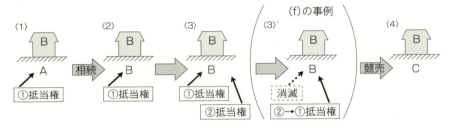

　この事例の土地と建物の所有者は、１番抵当権設定の時点では別人である。だが、２番抵当権設定の時点では同一人である。土地と建物の同一人への帰属という要件の充足は、いずれの抵当権設定時を基準に判断されるのか。

　最高裁は、１番抵当権設定時における要件の充足を求める（最判平成２・１・22民集44巻１号314頁）。これは、２番抵当権を基準にして法定地上権の成立を認めると、その不成立を前提に抵当権の設定を受けた１番抵当権者に不測の損害が生じてしまうためである。法定地上権が成立しないからには、ＡＢ間で賃貸借契約が結ばれていたならば、(a)の土地抵当型の事例と同様に、Ｂの賃借権のＣへの対抗の問題として処理され、使用貸借関係しかないならば、(d)の事例に準じて、建物の取壊しを認めることになろう。

　ただし、判例は、複数の抵当権が建物に設定された場合には、２番抵当権の設定時を基準にして法定地上権の成立を肯定する。建物に関する１番抵当権者は、法定地上権が成立することで、利益を受けることこそあれ、不利益を受け

ることがないからである（→92頁「法定地上権成立の根拠・再論」）。

（f） 複数の抵当権が土地に設定された場合β——1番抵当権消滅型

最高裁は、(e)の事例に類するが、2番抵当権設定後、競売がされる前に1番抵当権が消滅していた事案では、法定地上権の成立を肯定する（最判平成19・7・6民集61巻5号1940頁）。1番抵当権は消滅しているため、1番抵当権者の不測の損害を考慮する必要はない。問題となるのは、2番抵当権者にとっての不測の損害の有無である。

前掲最判平成2・1・22によれば、1番抵当権が存続するかぎり、法定地上権は成立しない。2番抵当権者は、その不成立を見込んで貸付けを行い、抵当権の設定を受けた。それにもかかわらず、1番抵当権の消滅という偶発的事情のため、法定地上権が成立するというのでは2番抵当権者の予期に反する。1番抵当権を基準とするべきである。こう考えられなくもない。ところが、平成19年判決は、次の考えから2番抵当権を基準とした。2番抵当権者としては、抵当権の設定を受けるにあたって、最初から1番抵当権が消滅した場合における順位上昇の利益（→19頁）と、法定地上権成立による不利益を考慮して土地の担保余力を算定しておくべきである。ならば、実際に1番抵当権が消滅した場合に法定地上権の成立を認めても、2番抵当権者にしてみれば、それは予測の範囲内の事柄であり、不測の損害になることはない。

2つの判例の結論は、こうまとめられる。土地に複数の抵当権が設定された場合の同一所有者要件の充足の有無は、競売によって消滅する最先順位の抵当権の設定時を基準に判断される。

（g） 土地・建物の共有

土地または建物が共有状態にあるとき、同一所有者要件はどう考えられるのか。共有者がいる分、土地と建物の所有者の完全な一致がない。土地共有型と建物共有型とで事例を分けて考える必要がある。

たとえば、AとBが甲土地を共有しており、Aがその地上に乙建物を有しているとしよう。Aが、甲土地の自己の共有持分に抵当権を設定し、これが実行された結果、Cがこれを買い受け、土地がBCの共有になった。法定地上権の成立を認めることができるか。

共有者の1人が自己の持分権を処分することは自由である。上記事例の共有

者の1人Aは、他の共有者Bの同意を得ることなく、自己の持分に抵当権を設定することができる。だが、だからといって、その結果として法定地上権の成立までも認めることはできない。この承認は、結論として、共有者の1人が他の共有者の同意を得ないまま、地上権を設定することを認めることと等しいのであり、これは、251条の趣旨に反する。したがって、土地共有型の事例では原則として法定地上権の成立は認められない。

　しかし、これは他の共有者Bの同意がないからこその結論である。Bが法定地上権の負担を課されうることを事前に容認していたと評価できる特段の事情があるならば、例外的に、その成立を認めることができる。判例によれば、このことは、土地だけでなく、建物も共有されている場合であっても同様であるとされる。

　判例は、建物共有型の事例では土地共有型の事例とは対照的な態度をとる。たとえば、Aが甲土地を所有するとともに、その地上の乙建物をBと共有していたところ、Aが甲土地に抵当権を設定し、これが実行された結果、Cがこれを買い受けたとする。この場合、建物の他の共有者Bによる自身の土地の利用をAが認めていたことと388条の趣旨を理由に法定地上権の成立が肯定される。建物が共有されていても、単独所有されている場合である79頁の土地抵当型の事例と事情は変わらないといわれる。

法定地上権成立の根拠・再論

　法定地上権の成立を導くための根拠である建物の保存の要請と当事者の合理的な意思（→81頁）について改めて考えてみよう。

　建物の保存の要請を重視するならば、可能なかぎり法定地上権の成立を肯定していく法解釈が目指される（たとえば、更地に抵当権が設定された場合に関する有力説→83-84頁）。住居の絶対数が不足していたかつての日本でならばそのような解釈も十分に成り立ちえたであろう。古い判例が国民経済のみを論拠に法定地上権の成立を肯定する（たとえば、前掲大判明治38・9・22→83頁）背後には、そのような考え方があるのかもしれない。

　しかし、とくに住居の不足が解消された現在、当事者の私益を軽んじて建物の保存という公益を追求することはできない。それを目指す解釈手法は認めら

れないであろう。法定地上権の成否を判断する決め手となるのは、当事者の合理的な意思である。建物の保存は、副次的に擁護されうる利益であるにすぎない。前掲最判平成9・2・14は、法定地上権の不成立が「建物を保護するという公益的要請に反する結果となること」があるとしても「抵当権設定当事者の合理的意思に反してまでも右公益的要請を重視すべきであるとはいえない」と明言してもいる。

　当事者の合理的意思といっても、当事者には抵当権者と設定者の2名がいる。それにもかかわらず、判例は、しばしば抵当権者の不測の損害の有無のみから法定地上権の成否を判断する。つまり、法定地上権の成否に対する抵当権者の期待や覚悟を判断基準とする。このことは、判例が設定者よりも抵当権者の利益を重視しているように思わせる。果たして、そう考えてよいのか。

　子Bが所有する乙建物は、親A所有の甲土地上に存するが、Bが乙建物に1番抵当権を設定し、さらに甲土地の所有権を取得した後に、乙建物に2番抵当権を設定し、その後、競売がされ、Cが乙建物を買い受けた、という場合に関する判例がある。前掲最判平成2・1・22は、土地に複数の抵当権が設定されたケースにおいて、1番抵当権を基準に要件の充足を判断し、法定地上権の成立を否定していた。これに対して、上記の事例は、建物に複数の抵当権が設定されたケースであるが、大判昭和14・7・26民集18巻772頁は、2番抵当権を基準に法定地上権の成否を判断し、法定地上権の成立を認める。1番抵当権が設定された時点での1番抵当権者の予測は、86頁(4)(a)の建物抵当型の事例における抵当権者の予測と変わらなかったはずである。このため、前掲大判昭和14・7・26の帰結は、法定地上権の不成立を覚悟していた1番抵当権者に不測の利益（棚ぼたともいう）を認めるものといわざるをえない。土地抵当型と建物抵当型のいずれかを問わず、(4)(e)の事例に関する前掲最判平成2・1・22と同様に、1番抵当権を基準に法定地上権の成否を判断することのほうが論理的に筋が通っているようにも思える。しかし、抵当権者からみて法定地上権が成立することは、土地抵当型の場合は不利に働くのに対し、建物抵当型の場合は有利に働くのであり、抵当権者の利益を最重要視する必要があるとするならば、建物抵当型と土地抵当型との間にある結論の食い違いに矛盾はない。

　では、判例における抵当権者の利益の重視にはいかなる理由があるのか。答えは、抵当権の設定と引換えに実施される金融を促進することにある。

　抵当権者が有利な取扱いを受け、債権を回収できる可能性が高ければ高いほ

ど、融資の機会と融資可能額が増えやすくなる。競売がされて法定地上権の成否が問題となる局面での抵当権者の優遇が抵当権の設定段階では設定者側の利益になるのである。逆に、土地抵当の場合に法定地上権を成立させて抵当権者を不利に扱うと、その分、融資額が減じられる。また、建物抵当の場合に法定地上権の成立を認めないと、買受人の登場を期待できない。設定された抵当権が無意味なものとなるため、融資の実施すら控えられる。抵当権実行時における法定地上権の成否に関する抵当権者の冷遇は、その設定段階における融資金額の縮小またはその不実施につながり、設定者側の不利益にもなるのである。さらにいえば、抵当権実行段階で設定者を冷遇しても、設定者は、抵当権設定段階における融資金額または融資機会の増加という恩恵をすでに受けているのだから、実行時における冷遇は、全体的には、見過ごすことのできないものとはいえない。

　世の抵当権すべてが実行されるわけではない。むしろ、大多数の抵当権が、任意の弁済がされることで、実行されないまま使命を終えて消滅する。実行された場合の設定者の利益に配慮しても、結局、一部の設定者の利益しか守れないのである。ならば、実行されないことを仮定しつつ、現実には実行された場合の抵当権者を有利に扱う法解釈を行うことで、結果として、すべての設定者の設定段階における利益を確保する判例の立場は一理ある考え方であるといえる。

4　一括競売

　更地に抵当権が設定された後に建物が築造された場合、法定地上権は成立しない。この理由は、抵当権者に不測の損害をもたらさないという私益のため、建物保護という公益を後退させることにあった（→83-84頁）。

　しかし、地上の建物の収益性が高いと、建物の存在によってかえって土地の価値が高まる場合がある。建物の取壊しは、抵当権者の私益にも反する場合があるのである。また、そもそも建物の存続によって抵当権者が損害を被るとしても、この不利益を抵当権者が容認するならば、抵当権者の意向に反してまで私益を擁護する必要はない。そこで、389条は、更地に設定された抵当権の実行に際して建物をも競売することができるものとし、建物の存続を図るかどう

かの選択権を抵当権者に認めることにした（一括競売権）。一括競売がされると、土地と建物は、同一の者によって買い受けられる。法定地上権が成立しない局面でも、結果的に建物の保存が実現される。

抵当権者が建物も競売することができるといっても、抵当権の設定を受けているのは土地だけである。一括競売制度は、本来、競売にかけることさえできない建物を競売する権利を抵当権者に認めるにとどまる。このため、抵当権者は、建物の売却代金から優先弁済を受けることはできない（389条1項ただし書）。代金は、建物所有者に交付される。一括競売は、建物の所有者の利益にもなるのである。

このように、一括競売には建物の存続と建物所有者への金銭補償という利点がある。そこで、これらを常に確保するため、一括競売をすることを抵当権者の義務と解する立場がある。しかし、判例は、その見解を否定する。389条の「できる」という文言からして、その義務を肯定することは難しい。また、かりに、これを肯定すると、抵当権者が土地を更地とみなして競売することが許されなくなるため、抵当権設定時、土地の担保価値を更地として評価し、より多額の融資を実施することも困難になろう。

> **389条の改正目的**
> 389条は、平成15（2003）年に改正された。改正前においては、一括競売は、土地に抵当権を設定した者が自ら建物を築造した場合にのみ許された。改正によって、誰が建物を築造したかに関係なく、土地に抵当権が設定された後に建物が築造されたのであれば、一括競売を申し立てることができるようになった。この改正には2つの目的がある。第1の目的は、建物の存続と建物所有者への金銭補償という一括競売の利点を広く認めていくことにある。第2は、執行妨害への対応を容易にすることにある。執行妨害目的で第三者がバラック等の建物を築造した場合であっても一括競売が可能になったことで、買受人は、その不要な建物も買い受け、自己所有物として比較的容易に取り壊せるようになった。この点からすれば、一括競売は、常に建物の保存に資するわけではなくなった。

Ⅶ　第三取得者との関係

　不動産の所有者は、抵当権を設定した後であっても、その不動産を第三者に譲渡することができる（この譲受人は、第三取得者と呼ばれる）。抵当権者は第三取得者にも抵当権を対抗することができるため、抵当権者の地位が目的不動産の譲渡によって害されることはないからである（追及効→9頁）。そうはいっても、抵当権の実行は、裁判所を間に挟むため、手間・時間・費用がかかる。抵当権者としても望ましいことではない。抵当権者のために不要な手続を回避する手立てがあることが求められる。また、第三取得者は、不動産を取得したとしても、抵当権の実行によって所有者としての地位を覆されうる。第三取得者の保護も視野に入れる必要がある。そこで民法は、代価弁済と抵当権消滅請求という制度を用意した。それら制度の合理性は、第三者弁済との比較を通じて明らかになる。債権総論の問題ではあるが、まずはここから始めよう。

1　第三者弁済

　第三者弁済とは、自らは債務を負わない第三者が、債務者の代わりにその債務を弁済することをいう（474条1項）。

　Aが自己の甲土地（評価額3000万円）にBのための抵当権（被担保債権額1000万円）を設定した後に、甲土地をCに3000万円で売却したとする。この場合、第三取得者Cは、①売買代金の3000万円全部を売主Aに支払うこともできる。しかし、同じく3000万円という費用の支出をするとしても、②3000万円のうち1000万円をBへの第三者弁済に充てて、残りの2000万円だけをAに支払ったほうが得である。

　①によると、Bの抵当権は残存しているので、Cは、後日、抵当権が実行されて所有権を失う危険がある。これに対して、②では、被担保債権の消滅によって抵当権が消滅する。Aに対して1000万円の残代金債務があるが、これは、Aに対する求償権（570条）と相殺すればよい。つまり、Cは、これ以上、金を支払う必要がないまま、抵当権消滅の利益を享受することができる。

　かりに①によったとしても、本来、Aが支払を受けた3000万円の中からただちに1000万円をBへの支払に充てれば、抵当権は消滅し、Cの所有権喪失の危

険はなくなる。このかぎりでは、①と②のいずれによるかで結論の違いは生じない。だが、Aが常にBに対する債務の弁済をするとはかぎらない。B以外の債権者に対する弁済その他に1000万円を使ってしまうかもしれないのである。②の第三者弁済は、これを防ぐことに大きな意義がある。なお、Cは、Aが売買契約後ただちに売買代金全額の支払を求めてきたとしても、当面、これを拒絶することができる（577条1項）。

第三者弁済は、第三取得者以外の者にとっても合理的である。抵当権者Bには、競売という手間を省いて債権の回収を行えるという利点がある。設定者Aは、Cから売買代金3000万円のうち2000万円しか受け取れない。しかし、Bに対する債務の負担を免れることができるので、不利益は受けない。

2　代価弁済

代価弁済とは、抵当権者の主導により、第三取得者が抵当不動産の代金を売主ではなく、抵当権者に支払うことと引換えに抵当権を消滅させる制度をいう（378条）。第三者弁済は、被担保債権額が抵当不動産の価格よりも少額であるときに有用であるが、代価弁済は、抵当不動産の価格のほうが被担保債権額より少額であるときに有用である。

たとえば、Aが自己の甲土地にBのための抵当権（被担保債権額3000万円）を設定したが、Bが抵当権を実行したところで、甲土地は、せいぜい1000万円でしか売れそうにないとする。このような場合において、Aは、甲土地を1000万円で売却することをCと合意した。

この場合、抵当権者Bは、第三取得者Cからの第三者弁済を期待できない。Cには1000万円の不動産のために3000万円の債務を肩代わりする動機がないのが普通だからである。この場合の抵当権者Bの選択肢は、①競売をして1000万円を得ることと、②代価弁済として売買代金1000万円を自己に払うことをCに求めることである。

①と②のいずれによっても、抵当権は消える（抵当権が実行されれば、被担保債権全額の満足がなくとも抵当権が消えることについて→63-64頁）。抵当権者Bが回収できる金も1000万円で同じである。②の代価弁済によると、抵当権者は、競売の手間等をかけなくとも、競売をした場合と同じ結果に至ることができる。

また、第三取得者Cは所有権を失わずに済む。これらに、抵当権者が代価弁済を第三取得者に求め、また第三取得者がこれに応じる利点があるのである。

> **本当はもっとお得な代価弁済**
> 　上記の説明は、理念上のものであり、抵当権者にとっての代価弁済の利点は、本来、もっと大きい。競売での売却価格は、市場価格よりもかなり安い（この理由と、その差を埋めるための努力については、民事執行法のテキストに譲る）ため、抵当権者は、実際は、競売を回避したほうが回収できる債権額がだいぶ増える。つまり、上記の例でいえば、甲土地の市場価格が1000万円で、CがAからその金額で甲土地を譲り受けたとするならば、甲土地は、競売では700万円程度でしか売れない公算が大きい。Bは、代価弁済を求めることで、手間等を省けるだけでなく、300万円も多く債権を回収できるのである。もっとも、抵当権者が債権全額の回収を諦めることが代価弁済の前提になる。現実の抵当権者はこれを諦めきれないため、代価弁済はあまり行われないといわれる。

3　抵当権消滅請求

　代価弁済が抵当権者の主導によるものであるのに対して、抵当権消滅請求（379条以下）は、第三取得者の主導によって一定金額を抵当権者に支払うことと引換えに抵当権を消滅させる制度である。抵当権消滅請求も、抵当不動産の価格と比べて被担保債権額のほうが高額であり、第三取得者による第三者弁済が期待できない場面で有用である。

　たとえば、Aが、自己の土地甲にBのための抵当権（被担保債権額3000万円）を設定したが、甲土地は、競売しても1000万円でしか売れないと見込まれているとする。このような場合において、甲土地をAから譲り受けたCが現れたときに、抵当権消滅請求は合理性を発揮する。

　すなわち、第三取得者Cは、383条に従って書面により、土地の取得原因等のほかその代価または任意の金額を提示するとともに、2か月以内に抵当権の実行をするか、提示した金額の支払を受けることで満足するかの選択を抵当権者に迫る。ここではその金額を1000万円としよう。

抵当権者Ｂは、競売をしても1000万円しか得られないと判断し、Ｃからの申出を承諾することができる。この場合、第三取得者が提示金額を弁済または供託することによって抵当権は消滅する（386条）。抵当権者ＢがＣの提示した金額での承諾をしないのであれば、書面の送付を受けてから２か月以内に競売を申し立てなければならない。２か月を過ぎてもその申立てをしなかったときには承諾をしたものとみなされる（384条１号。このほか２号～４号も参照）。こうして、第三取得者Ｃは、第三者弁済（Ａの債務全額の弁済→29頁）をしなくても抵当権の実行によって不動産を失う危険から免れることができるし、抵当権者Ｂは、競売の労を経ることなく、1000万円を得られる。

　問題は、不動産がいくらの値をつけるかは競売を実際に行ってみなければ分からないことである。一方で、第三取得者から不当に低い金額が提示されることがある。たとえば、競売をしたら1000万円で売れるのに、第三取得者Ｃが800万円の提示を行ったとしよう。この場合の抵当権者Ｂは、書面の送付を受けてから２か月以内に385条所定の通知をしたうえで競売をすれば、Ｃからの不当な金額の提示による損失を被ることはない。反対に、第三取得者Ｃが1000万円という適当な金額を提示しているのに、抵当権者Ｂがこれに納得せずに競売を申し立てたとする。第三取得者Ｃは、自己が所有する不動産の競売ではあるが、これに参加することができる（390条）。このため、Ｃが当初判断したように甲土地が1000万円以上で売れない物件であったとするならば、Ｃは、その競売手続において（もともとの提示額であった）1000万円で甲土地を買い受けることができる。Ｂの抵当権は、その実行があったのだから、消滅する。

滌除の脅威

　抵当権消滅請求は、抵当権者にとって不利益のない制度かというと、そうではない。本来、権利は、時効にかかる場合は別として、それをいつ行使するかは自由なはずである。不動産市場が冷え切った時期には競売による債権回収を期待しがたい。抵当権者としては、賃料への物上代位や担保不動産収益執行で利息だけでも回収し、景気が上向くのを待ったうえで、少しでも多くの元本を競売で回収したいと考えるだろう。ところが、抵当権消滅請求は、２か月以内の競売を迫るものであるため、そのような考えにある抵当権者から抵当権実行

時期選択の自由を奪う。もっとも、抵当権消滅請求は、平成15（2003）年の改正によって創設された制度であるが、それ以前にあった滌除（てきじょ）という抵当権を滌（＝洗）い流す制度は、抵当権者にとってより大きな脅威であった。

　すなわち、かつての抵当権者は、第三取得者から通知を受けた時より1か月以内に競売をするかどうかの判断をしなければならなかった。抵当権者が申し立てなければならなかった競売も、増価競売というものであり、競売を申し立てて第三取得者が提示した滌除金額より1割増し以上で売却できなかった場合、抵当権者は、自らその1割増しの価格で買い受ける義務を負わされた。しかも、抵当権者は、その1割を保証金として裁判所に予納する必要まであった。抵当権者は、この保証金を用意することができないだけで、不当に低い金額での滌除の申出に応じざるをえなかったのである。滌除は、抵当権者の弱みに付け込みやすい制度であり、大いに悪用された。抵当権消滅請求は、以上を改めることで、貸し過ぎた抵当権者が受ける脅威を幾分取り除いたものである。

　改正に際しての論議では、抵当権消滅請求すら認めるべきではないという意見もあった。これは、抵当権者の抵当権実行時期選択の自由を確保すべきであるという考えによる。しかし、そうすると、世の不動産は抵当権が付いたまま銀行等の管理に服し続け、いつまでもそれを必要とする者の手に渡らない。現行法の背後には、抵当権消滅請求を通じて「不動産の塩漬け」を解消することもまた必要であるとの考えが存在するのである。

Ⅷ　抵当権の処分・消滅

1　抵当権の処分

　抵当権は、形式的には、債権に従たる存在であるにすぎない（付従性→12-13頁）。しかし、債権は、額面が1億円であっても、1円も回収できないものであれば、無価値である。抵当権による担保の有無が債権の実質的な価値の大小を決めることがある。このため、抵当権それ自体に財産的価値が認められることになる。そこで、376条は、抵当権を物（所有権）と同様の処分（譲渡・放棄・担保設定）対象にすることを認める（ただし、処分の対象が抵当権であることから、

譲渡や放棄といっても、物の譲渡や放棄とは異なる内容をもつことに注意)。被担保債権から切り離された抵当権それ単体が処分の対象となる。法が付従性の例外を承認する例といえる。

広義の抵当権の処分には順位の変更（374条）も含まれる。順位の譲渡と比較しながら学ぶことが理解の助けになるので、ここで説明しよう。以下、抵当権の処分を受けた者を受益者と呼ぶことがある。

(1) 転抵当

(a) 意義

転売とは買い受けた物を他者に売ることをいう。これに対して、転抵当は、抵当権者が自己の抵当権を他の債権の担保とすることをいう（376条1項）。転抵当は、債権とこれを担保する抵当権とを有する者自身が融資を必要とする場合に行われる。

たとえば、Bが、Aに3000万円を貸し与え、この甲債権の担保としてAから抵当権（転抵当があるときは原抵当権と呼ばれる）の設定を受けており、甲債権の弁済期は2年後であるが、Bは、今、2000万円を必要としているとしよう。この場合のBは、甲債権をCに売却して資金を調達することができる（債権譲渡）。Bの抵当権は、甲債権とともにCに移転する（随伴性→13頁）。Bが2000万円の現金を手にするための選択肢としては、Cから貸付けを受けることも考えられる。この場合、CのBに対する2000万円の乙債権が生じる。Bは、これを担保するため、甲債権に質権を設定することができる（債権質→122頁以下）。質権を設定すると、甲債権のみならず、これを担保する抵当権も乙債権の担保に供せられる（これも随伴性の一種である）。以上に対して、転抵当は、原抵当権のみによる乙債権の担保を実現する。

(b) 設定・対抗

転抵当権は、原抵当権者と転抵当権者を当事者とする設定契約により設定される。原抵当権の設定者や後順位担保権者の同意は、転抵当権を設定するための要件にはならない。

転抵当権の設定も物権変動の一つである。したがって、その登記（付記登記；不登90条）を受けていない者は、転抵当権の不存在を前提に抵当権の転抵当そ

の他の処分を受けた第三者に自己の転抵当権を対抗することができない（177条・376条2項）。

　原抵当権の被担保債権の債務者、これを保証する者、物上保証人および第三取得者らは、ここでいう第三者（原抵当権に関する処分の競合者）に該当しない。登記はこの者らへの対抗要件にはならない。その一方で、転抵当権が設定された後、原抵当権の被担保債権が弁済されると原抵当権が消滅するが、これによって原抵当権を基礎とする転抵当権も消滅する。被担保債権の債務者らは、転抵当権が設定された事実を知らないままでは、転抵当権の消滅までをも来す、被担保債権の弁済（または第三者弁済）を行いかねない。そこで、377条1項は、467条の方式による被担保債権の債務者への通知またはその承諾がなければ、債務者や保証人らに転抵当権の設定を対抗できないと定める。債務者らが通知を受けたにもかかわらず、転抵当権者の承諾を得ないで被担保債権の弁済をした場合、これを転抵当権者に対抗できない（377条2項）。

(c)　実行

　転抵当権が行使されると、転抵当権者が原抵当権者に優先して弁済を受ける。その実行は、原抵当権を転抵当権者が行使することを意味する。このため、転抵当権のみならず、原抵当権を実行するための要件も満たされていなければならない。したがって、転抵当権の実行には、転抵当権と原抵当権の両方の被担保債権の履行期が到来していることが必要になる。また、転抵当権者が配当を受けられる金額も、原抵当権を限度とする。ただし、原抵当権の被担保債権額が転抵当権のそれよりも高額であるときは、転抵当権者が受けることができる配当金額は、転抵当権の被担保債権を基準とする。残額は、原抵当権者に配当される。上記の例でいえば、転抵当権の設定を受けたCが権利を行使すると、まずCに2000万円が配当される。Bは、剰余金の1000万円を受け取れるにすぎない。

(2)　**抵当権の譲渡・放棄、抵当権の順位の譲渡・放棄**

　376条1項は、抵当権者が同一の債務者に対する他の債権者の利益のために「その抵当権若しくはその順位」を「譲渡し、若しくは放棄することができる」とも定める。ここから、抵当権それ自体の譲渡と放棄、さらには、抵当権の順

位の譲渡と放棄の計４つの処分を読みとることができる（転抵当も含めれば、376条１項には５つの処分が規定されていることになる）。たとえば、複数の銀行がある企業の特定の事業に共同で出資する場合、相互の協力関係を築くために各銀行間の平等の確保が必要になることがある。抵当権の処分は、配当における優先順位（→62-63頁）を変更し、そのような要望を実現する。譲渡や放棄といっても、抵当権の移転や消滅は生じない。

抵当権の譲渡・放棄は、抵当権をもたない債権者（比喩的にいえば、譲渡や放棄がされるまで登記簿上に名前のない債権者）を受益者とする処分である。これに対して、抵当権の順位の譲渡・放棄は、後順位抵当権者を受益者とする。

譲渡があると、抵当権を譲渡した者に受益者が優先する。放棄は、受益者に対する優先の放棄であって、放棄をした者と受益者との間に平等な関係が生じる。放棄をした抵当権者と受益者との間では、債権額に応じた按分比例による配当が行われる。以上を組み合わせると、【図表2-24】のようになる。

【図表2-24】 抵当権の処分の比較

①抵当権の譲渡	抵当権者が抵当権をもたない債権者に自己への優先を認める
②抵当権の放棄	抵当権者が抵当権をもたない債権者との間での平等を認める
③抵当権の順位の譲渡	抵当権者が後順位担保権者に自己への優先を認める
④抵当権の順位の放棄	抵当権者が後順位担保権者との間での平等を認める

たとえば、ある債務者に債権者Ａ（債権額1200万円）、Ｂ（債権額2000万円）、Ｃ（債権額1800万円）、Ｄ（債権額800万円）がいる。債務者は、自己が所有する不動産について、Ａ、Ｂ、Ｃのためにそれぞれ第１順位、第２順位、第３順位の抵当権を設定している。Ｄは、抵当権の設定を受けていない。抵当不動産が競売され、4000万円が配当の原資になるとしよう。抵当権の処分が行われていないと、各債権者がそれぞれ受けられる配当の額は、Ａが1200万円、Ｂが2000万円、Ｃが800万円、Ｄが０円となる。

抵当権の各処分があるとどうなるか。ポイントの第１は、処分後であっても、処分がなかった場合の金額が配当額算定の基礎になることである。第２は、処分の当事者でない者の配当額は、処分による影響を受けないことである。抵当権の譲渡等は、これを行う者と受益者との間でしか効力が生じない

(相対的効力)。譲渡の当事者以外の者への配当金は処分がなかった場合の上記と同じである。このため、以下の説明では省略する。

①抵当権の譲渡　AがDに抵当権の譲渡をしていた場合、DがAに優先する。もともとAが受けるべきであった1200万円の中からDが800万円の配当を受ける。Aが受けられる配当額は残額の400万円だけとなる。

②抵当権の放棄　AがDに抵当権の放棄をしていた場合、DとAとの間は平等となる。もともとAが受けるべきであった1200万円は、AとDの債権額の割合、つまり3：2で各人に分配される。Aは1200万円×3/5の720万円、Dは1200万円×2/5の480万円の配当を受ける。

③抵当権の順位の譲渡　AがCに抵当権の順位を譲渡していた場合、CはAに優先する。Cは、まずAが受け取るはずであった1200万円全額を受け取る。Cには、なお600万円の未回収金があるが、もともと自らが有していた第3順位の抵当権の分の配当を受けることができる。Cに配当されるはずであった800万円から600万円を差し引いた残金200万円はAに配当される。

④抵当権の順位の放棄　AがCに抵当権の順位を放棄していた場合、AとCが受けるべきであった金額1200万円と800万円をあわせた2000万円が、それぞれの債権額の割合、つまり2：3で分配される。Aは2000万円×2/5の800万円、Cは2000万円×3/5の1200万円の配当を受ける。

抵当権の譲渡等には相対的効力しかないということは、他の者に不利益をもたらさないことを意味する。このため、処分の要件になるのは当事者の合意だけである。後順位や中間順位の担保権者の同意は不要である。この点は、後述の順位の変更と異なる。

これらの処分の対抗要件（376条2項・377条）は、転抵当について述べたことに準じる。

(3) 抵当権の順位の変更

374条1項本文は、各抵当権者の合意によって抵当権の順位を変更できると定める。順位の譲渡に似ている。だが、これが二当事者間での相対的な効力しか生じないのに対し、順位の変更は、二者以上の抵当権者間の順位を絶対的に変更する。このことを次の例で確認しよう。

ある債務者には債権者としてＡ（債権額1200万円）、Ｂ（債権額500万円）、Ｃ（債権額1800万円）がおり、それぞれのために、債務者所有の不動産上に１番から３番の抵当権が設定されたとする。目的不動産が競売され、配当原資が2000万円である場合において、ＡＣ間での順位の譲渡があったときには、Ｂが500万円、Ｃが1500万円の配当を受け、Ａへの配当は０円である。ＡＣ間の処分であるから、順位の譲渡の前後でＢへの配当額に違いはない。

　これに対して、ＡＢＣをＣＢＡの順位に変更すると、2000万円のうち、1800万円がＣに配当され、Ｂは200万円を受け取れるだけである。Ａへの配当は０円である。Ｂは、順位の変更後も２番抵当権者のままであるため、順位変更による影響をまったく受けていないように思えるかもしれない。しかし、この例から明らかなように、そのようなことはない。Ｂが変更前ならば受けられた配当金額は、もはや考慮されない。順位の変更が絶対的な効力を有するといわれるのは、このためである。また、それゆえ、順位を変更するには、中間順位者Ｂも含めた合意が必要になる。

　利害関係人の承諾も必要である（374条１項ただし書）。たとえば、上記の例のＢから転抵当権の設定を受けたＤがいた場合には、順位の変更によるＢの地位の悪化にともなってＤも不利益を被る。このため、変更にはＤの承諾が必要になる。

　順位の変更の登記は、対抗要件ではなく、効力要件である（374条２項）。順位の変更は、絶対的な効力を有し、その影響力が大きいからである。

2　抵当権の消滅

(1)　物権に共通の消滅原因

　抵当権は物権の一つであるから、物権全般の消滅原因が発生することによって、抵当権も消滅するのが原則である。その代表は、①目的物の滅失、②権利の放棄、③権利の混同（179条）である。ただし、いくつか注意が必要である。

　まず、①について、たとえば抵当建物が滅失したときは、物上代位が生じうる（→46頁）。

　次に、②にいう抵当権の放棄は、その消滅を生じさせるものであり、絶対的放棄と呼ばれるものである。抵当権をもたない債権者に対する優先の放棄（相

対的放棄：376条1項）と区別しなければならない。また、抵当権が転抵当等の処分の目的となっているときは、放棄を受益者に対抗できない。抵当権を消滅させることによって受益者を害することは許されないからである。

③については例外がある。抵当権が第三者の権利の目的となっている場合、179条1項ただし書により、抵当権の消滅は生じない。

消滅時効（166条2項）も、本来、所有権以外の物権に共通の消滅原因である。しかし、抵当権については後述の特則がある。

(2) 担保物権に共通の消滅原因

抵当権は、担保物権であり、債権の担保を目的とする。したがって、被担保債権の消滅は、担保物権の消滅をもたらす（付従性→12-13頁）。抵当権も、被担保債権とともに消滅する。

債務者による弁済が被担保債権の消滅原因の典型である。供託、相殺、免除、混同による被担保債権の消滅も、抵当権の消滅をもたらす。更改があった場合も原則として同様である（ただし518条1項）。被担保債権が時効消滅した場合（166条1項）にも抵当権は消滅する。その時効の援用は、債務者だけでなく、物上保証人や第三取得者によっても許される（145条。改正前の145条につき後順位担保権者は援用が許されないとする判例も含め、民法総則のテキストを参照）。

抵当権者が一部の満足を得ただけの場合は、抵当権の（一部）消滅は生じない（不可分性→13-14頁）。これに対して、抵当権の実行としての競売が行われたときは、債権者がこれによって債権全額を回収できたかどうかに関係なく、抵当権の消滅が生じる。配当を受けられなかった残債権は、無担保債権として存続する（→62頁）。

また、債務者以外の者が抵当権者に満足をもたらしたときは、弁済による代位（499条以下）が生じるため、被担保債権（原債権）は消滅しない。この場合の抵当権は、被担保債権とともに代位者に移転する。

(3) 抵当権特有の消滅原因

抵当権特有の消滅原因として、代価弁済と抵当権消滅請求がある。これらはすでに説明した（→97頁以下）。ここでは、抵当権それ自体の時効による消滅

（上記の被担保債権の時効消滅による抵当権の消滅と区別せよ）を説明しよう。

(a) 396条

所有権以外の物権は、20年間の不行使によって消滅する（166条2項）。抵当権も物権であるからには、20年間の不行使によって消滅する。しかし、396条は、債務者および抵当権設定者（物上保証人）に対しては、その担保する債権と同時でなければ、抵当権が時効によって消滅しないと定める。債権が弁済されないまま残存しているにもかかわらず、166条2項の原則どおりに、それを担保する抵当権の消滅を認めるのは不当なためである。396条があるため、被担保債権が消滅時効にかからないかぎり、抵当権は、その行使がなくとも時効にかからない。抵当権者は、被担保債権について時効の管理（147条所定の完成猶予及び更新の措置）をしておけば、時の経過によって抵当権を失わない。

しかし、396条の反対解釈からは、第三取得者との関係では166条2項による抵当権単独の時効消滅が導かれる。被担保債権の時効管理だけでは抵当権が消滅してしまう可能性があるのである。判例は、これを認める。その一方で、債務者および物上保証人以外の者に関する抵当権単独での消滅は次の397条からしか生じないとして、166条2項の適用を否定する見解も有力である。

(b) 397条

397条は、債務者でも物上保証人でもない者が抵当不動産について「取得時効に必要な要件を具備する占有」をした場合における抵当権の消滅を規定する。同条そのものをどう理解するかについても見解の対立がある。

判例・多数説は、397条の帰結を【占有→時効取得】から導く。すなわち、所有権の時効取得は原始取得である。その反射的効果により、目的物にあった負担は消滅する。397条は、この当然の結果を定めたにすぎない、という。

この説によれば、抵当権は、占有者が抵当権の存在について悪意または有過失であっても、自己の所有権について善意無過失であれば10年、悪意または有過失であれば20年の経過により消滅する（162条）。もっとも、そのような場合に常に抵当権が消滅するかというと、そうではない。判例によれば、時効の基礎となるその占有が客観的態様において抵当権の存在を容認していたものと認められる場合には、抵当権は消滅しない。時効取得者は抵当権という負担が付いた不動産の所有権を取得できるにとどまるとされる。

これに対して、(a)の最後に紹介した166条2項の適用を否定する有力説は、397条を抵当権の特殊な消滅時効に関する規定であると説く。根拠として3つを提示する。第1に、そのような考えがフランス法に遡る同条の沿革に合致する。第2に、法文は抵当権の消滅を【占有→時効取得】からではなく、一定の【占有】から直接に導いている（条文の文言上、「取得時効」ではなく、「取得時効に必要な要件を具備する占有をした」ことで抵当権が消滅することになっている）。第3に、多数説では397条に固有の意義を認められない（もっとも、多数説からは、同条の意義は、その効果が債務者および抵当権設定者との関係では生じないことを明らかにすることにある、との反論が行われている）。

この説によると、時効期間は、占有者が抵当不動産の占有開始時に抵当権の存在について善意無過失であるならば10年であるが、悪意または有過失の場合には20年になる（162条）。そして、抵当権の登記は、通常、占有者の悪意または有過失を基礎づける。

IX　根抵当権

1　根抵当権とは

ここまでみてきた通常の抵当権（普通抵当権ともいう）は、特定の債権を担保するために設定され、その債権が弁済されると付従性によってともに消滅するというものであった（→106頁）。しかし、たとえば銀行取引などでは企業が銀行から反復して融資を受けることが多いが、借入れと弁済を繰り返すこのような取引に普通抵当権で対応しようとすると、手間も費用もかかりすぎて不都合である。というのも、新規の借入れのたびに抵当権設定契約を結んで抵当権設定登記を行い、弁済による消滅のたびに抵当権抹消登記を行わなければならないからである。また、日本法は順位昇進の原則を採用しているので（→19頁）、被担保債権が消滅してしまえば抵当権の順位を維持することはできず、すでに他の債権者の後順位抵当権が存在していれば、改めて設定を受けた抵当権はさらにその後順位になってしまうという問題もある。

そこで、このような場合に用いられるのが根抵当権である。実は、銀行取引

で用いられている抵当権の多くはこの根抵当権である。根抵当権とは、一定の範囲に属する不特定の債権を極度額の限度において担保する抵当権であり（398条の2第1項）、個々の被担保債権が消滅しても根抵当権自体は消滅しない（＝付従性がない）のが最大の特徴である。したがって、銀行は融資先企業との取引開始の際に根抵当権の設定を受けておけば、あとは融資を行うたびに抵当権の設定を受ける必要がなく、さらに優先弁済の順位も維持することができるのである。また、根抵当権は、被担保債権が譲渡されてもそれにともなって移転することはない（＝随伴性もない。398条の7第1項）。ただし3でみるように、根抵当権も元本の確定後は普通抵当権とほぼ同じ性質のものになり、付従性・随伴性も有するようになる。

この根抵当権は、当初は民法に規定がなかったが、実務上の必要性からまず解釈で認められるようになり、次いで昭和46（1971）年に条文が設けられるに至ったものである。

2　根抵当権の設定

根抵当権も普通抵当権と同様に、債権者（根抵当権者）と担保不動産の所有者（設定者）との間で結ばれる設定契約によって成立する。登記が対抗要件となる点も同じである。ただし、根抵当権では、不特定の債権を被担保債権にすることができるかわりに、設定契約において被担保債権の範囲と極度額を定めなければならない点が普通抵当権と異なる。

(1)　被担保債権の範囲

債務者が抵当権者に対して負う一切の債務を被担保債権とする、いわゆる包括根抵当は、設定者に過度の負担を課すことになるため認められていない。根抵当権によって担保される債権の範囲は、次のいずれかの方法によって限定されていなければならない（398条の2第2項・第3項）。①・②が原則で、③・④は例外的に認められるものである。

①被担保債権を生じさせる特定の継続的取引契約を指定する方法　　これは、債務者Ａと根抵当権者Ｂとの間に債権を繰り返し発生させるような取引基本契約が締結されている場合に、たとえば「平成31年4月1日に締結したＡＢ

間の電気製品供給契約による債権」といった定め方をするものである。

②被担保債権を生じさせる一定の種類の取引を指定する方法　これは、具体的な取引基本契約（①の例でいうと「電気製品供給契約」）が結ばれていなくても、たとえば「ＡＢ間の売買取引による債権」などのように、取引の種類を抽象的に指定することによって被担保債権の範囲を特定するものである。

③継続して債権を生じさせる特定の原因を指定する方法　これは取引によらないで継続的に債権が発生する場合である。この類型による根抵当権はあまり実例がないといわれているが、たとえば「Ａの工場からの排水によってＢが継続的に取得する不法行為債権」といった定め方をすることが考えられる。

④手形上・小切手上の請求権または電子記録債権　これは、たとえばＡがＣに対して振り出した手形・小切手を、手形割引などによってＢ銀行がＣから取得した場合に、この手形・小切手に基づくＢのＡに対する債権も被担保債権に含めるとするものである。この債権はＢがＡとの取引によって取得したわけではなく、抵当権設定契約とは無関係のＣとの取引によって取得したものである。したがって、①・②の方法による特定はできないが、設定契約で別途定めておけばこれを被担保債権とすることもできるということである。電子記録債権法に基づいて発生する電子記録債権も、手形に似た法的性質をもつため、同様の扱いとされている。

(2)　極度額

根抵当権設定契約では、根抵当権者が抵当不動産から優先弁済を受けられる上限金額、すなわち極度額を定めなければならない。なお、普通抵当権では、利息や遅延損害金は最後の２年分しか優先弁済の対象とならないとされているが（→28頁）、これに対して根抵当権では、極度額の範囲内であれば２年分を超える利息・遅延損害金も担保される（398条の３第１項）。ただし、極度額を超える場合には最後の２年分であっても担保されない。これは、被担保債権の元本額が登記によって公示される普通抵当権とは異なり、根抵当権は極度額が登記で公示されるので、その極度額いっぱいまでならば、根抵当権者が優先的に弁済を受けることを後順位抵当権者や一般債権者も覚悟しているといいうるからである。

3　根抵当権の確定

(1)　根抵当権の確定とは

1で説明したとおり、根抵当権には付従性・随伴性がなく、個々の被担保債権が消滅・移転しても根抵当権には影響を及ぼさない。しかし、最終的に根抵当権を実行して抵当不動産から優先弁済を受ける段階では、どの被担保債権に対して配当されるかが決まっていなければ手続が進められない。また、根抵当権は継続的取引で用いられることが想定されているが、時間がたてば当事者の一方が根抵当権に基づく取引関係を見直したいと望むこともありうる。そこでこれらの場合には、根抵当権によって担保される債権が具体的に定まるという過程を経る。これを根抵当権の元本の確定（一般的には単に「根抵当権の確定」といわれることが多い）といい（398条の20）、この確定があると、その後に発生する債権はもはや被担保債権とはならなくなる。確定後の根抵当権は、普通抵当権とほぼ同じ性質の抵当権となり、付従性・随伴性を有するようになる。

(2)　確定事由

根抵当権は、①根抵当権者が抵当不動産の競売・担保不動産収益執行・物上代位のための差押えを申し立てたとき、②第三者によって抵当不動産の競売手続が開始されたのを根抵当権者が知ってから2週間が経過したとき、③債務者または根抵当権設定者が破産手続開始決定を受けたとき、などに確定する（398条の20第1項）。これらの場合には、抵当不動産は換価・配当の手続に入ることが予定されるので、その前提として根抵当権の元本を確定しておかなければならないのである。

そのほか、設定契約において元本確定期日（5年以内でなければならない）を定めたときには、根抵当権はその期日の到来によって確定する（398条の6）。また、根抵当権設定者は設定時から3年を経過すれば元本の確定を請求することができ（398条の19第1項）、他方で根抵当権者はいつでも元本の確定を請求することができる（同条2項）。前者は、設定者が長期間にわたって根抵当権に拘束されるのを防ぐためであり、後者は、根抵当権による担保の利益を根抵当権者が放棄しても債務者や設定者に不利益が及ぶことはないためである。

これ以外にも、民法には相続・合併・会社分割にともなう元本の確定についての規定が設けられている（398条の8〜398条の10）。

(3) 確定の効果

　根抵当権の元本が確定すると、その時点で存在する債権のみが被担保債権となり、その後に発生する債権は担保されなくなる。確定後の根抵当権は、普通抵当権と同じく付従性・随伴性を有するので、被担保債権が弁済されて消滅すれば根抵当権も消滅するし、被担保債権が譲渡されれば根抵当権もそれにともなって移転する。

　ただし、確定後の根抵当権は完全に普通抵当権と同じになるわけではない。2(2)でみたように、担保される利息・遅延損害金の範囲を制限する375条は根抵当権には適用されないので、確定後も極度額の範囲内であれば2年分を超える利息・遅延損害金も担保される。そこで設定者は、根抵当権の確定後、その極度額を「現に存する被担保債権の額＋2年分の利息・遅延損害金の額」にまで減額するよう請求することができる（398条の21）。これを極度額減額請求権という。これにより、設定者は、後順位抵当権を設定するなどして抵当不動産の担保余力を有効に活用することができるようになる。

　上記の極度額減額請求権は、確定後の被担保債権が極度額を下回っている場合に用いられるものである。これに対して確定後の被担保債権が極度額を上回っている場合には、物上保証人・第三取得者などは、極度額に相当する金額を根抵当権者に支払うか供託することによって根抵当権を消滅させることができる（398条の22）。これを根抵当権消滅請求権という。本来であれば、被担保債権の全額が弁済されなければ根抵当権は消滅しないはずであるが（第三者弁済→96-97頁）、もともと根抵当権者も極度額の限度でしか優先弁済を受けることはできない。そこで、他人の債務の担保として根抵当権を負担するこれらの者に、極度額までの支払と引き換えに消滅請求権を与えたのである。他方、債務者自身が設定者である場合にはこの請求権は認められず、原則どおり被担保債権全額を弁済しないかぎり根抵当権を消滅させることはできない。

第 3 章
質権

　質権は、典型担保の一つであり、約定担保物権である。約定担保であるから自らは債務を負わない第三者であっても質権を設定することができる。優先弁済的効力を主な効力とするが、占有担保であり、留置的効力も有するし（342条・347条）、不動産質には収益的効力もある（356条）点に抵当権との違いがある。

I　質権の種類・意義

1　質権の種類

　質権は、動産・不動産・財産権（権利）のいずれにも設定することができる。その目的（物）に応じて、動産質・不動産質・権利質と呼ばれる。

　民法第2編第9章が質権を規定する。その第1節が総則で、第2節から第4節までにそれぞれ動産質・不動産質・権利質が定められている。第1節の総則に注意する必要がある。これを権利質にも共通して適用される規定群と誤解してはならない。動産質と不動産質に共通の規定群であるにすぎない。もちろん、第1節に定められている規定でも権利質に適用可能な規定はある。だが、そのような規定は、362条2項を通じることによって権利質にも準用されるのである。有体物を目的物とする動産質および不動産質と財産権を目的とする権利質は、優先弁済的効力において共通する。しかし、質権の目的（物）が有体物か否かで効力等に違いがでてくるのは当然のことである。たとえば、権利質

には留置的効力は認められない。物権的請求権も問題とならない。Ⅱ・Ⅲの説明が動産質および不動産質と権利質とに分けて進められる理由はここにある。

2　質権の意義

　動産質や不動産質は占有担保である。このため、現在はほとんど使われていない。不動産質に関するその具体的な理由はすでに述べた（→6-7頁）。動産質にも基本的に同じ理由が妥当する。たとえば、生産活動にあたって必要となる機械や原材料は債務者の手元にあることが不可欠である。したがって、それらによる担保には譲渡担保を代表とする非占有担保（→125頁以下）が用いられる。これに対して、権利質（とくに債権質）は、物の引渡しがされるわけではないから、現在でも比較的用いられている。なお、自動車のように質権の設定が禁じられる動産もある。それらには特別法に基づく抵当権が用いられるべきだからである（動産抵当について→20頁）。

身近にない質権
　質といえば何を思い浮かべるであろうか。
　まず、質屋が思いつくだろう。質屋に客が財布やバッグといった質草を預けて金を受け取る行為も、貸付けを受け、この担保として質権を設定することを意味する。客は、元本に加えて預かり期間の利息を支払うことで財布等の返却を受けられる。勘違いしている向きもあろうが、質屋は本来、物を売り買いする店ではない。なぜ、この勘違いが生じるのか。質屋営業法という特別法がある。この19条1項により、質屋は、一定期間を過ぎたときには質物の所有権を取得することができる（いわゆる質流れ。後述の流質契約が禁じられていない）。質屋は、その後、質物を売却し、この代金から未弁済の貸金債権を回収する。この売却の相手方となる客にとって質屋は中古品を購入できる店にほかならない。また、質屋から金を借り受けた客のなかには質入れの段階から借りた金を返す意思をもっていない者が多々いる。このような客の目には、質屋から受け取った金は、借金ではなく売却代金としか映らない。かくして質屋を訪れる多くの者が質屋とリサイクルショップとの違いを意識しない。さらに、庶民金融の主な担い手が質屋から消費者金融業者やカード会社または信販会社に移った。このため、質屋で金を借りるという感覚が希薄になった。このことも勘違

いの原因の一つであろう。

　質という言葉からもう一つ思い浮かべるとすれば人質ではないだろうか。借金の形（かた）としての人質も、時代を遡れば世界のいたるところで許されていた。日本も例外ではない。「女房を質に入れても初鰹（はつがつお）」という言葉自体の真偽は筆者には判断がつかないが、江戸時代には質物（しちもつ）奉公や年切（ねんきりづとめ）勤奉公（遊女奉公等）という形での人質の設定はごく普通に行われていた。人質は、労務による収益的効力はもちろん、留置的効力という点からしても効果は抜群かもしれない。しかし、人は、物とは異なり、支配の対象になってはならない。これを認めることは奴隷を容認することにつながってしまうからである。また、だからこそ、債権は、他人を支配する権利ではなく、他人に行為を求める権利と定義されているのである。人身売買は許されない。人質も許されない。ここに芸娼妓（げいしょうぎ）契約が公序良俗（90条）に反するため無効とみなされている理由がある。近代法では債権質と――人質と異なり身体的拘束をともなわない、いわば非占有型の担保である――保証が認められるにとどまる。

II　動産質・不動産質

　ここでは動産質と不動産質が設定され、消滅するに至るまでの概要を説明する。両者に共通する事柄もあれば、一方にしか妥当しない事柄もある。この点に注意して読み進めてほしい。

1　動産質・不動産質の設定

(1)　質権設定契約

　176条によると、当事者の合意のみにより物権を設定することができる。しかし、344条は、質物の引渡しを質権の効力発生要件と定める。このことから、質権設定契約を要物契約の一種と理解するのが伝統的な立場である。その一方で、質物の引渡しがなくとも質権設定契約自体は有効に成立するとの見解もある。この立場によると、質権設定の合意がされれば、質権者は、設定者に対する質物引渡請求権を取得することになる。もちろん、この説によっても、占有と結び付いた質権者の権利と義務（→117頁）が契約後ただちに生じることはな

い。

(2) 引渡し・占有の意義

(i) **引渡しの方法**　344条が定める引渡しとは、どのようなものなのか。引渡しには現実の引渡し、簡易の引渡し、占有改定および指図による占有移転の4つがある（182条〜184条）。設定者に占有を認めたままでは質権の留置的効力が発揮されない。このため、345条は設定者自身による占有を禁じている。また、したがって、4つの方法のうち占有改定による引渡しは344条にいう引渡しに該当しない。しかし、許されないのはこれだけである。占有改定以外の引渡しであれば、344条の引渡しに当たる。

(ii) **動産質の対抗要件**　178条のため、引渡しは動産物権変動の対抗要件であるといわれることもある。しかし、352条は、動産質の対抗要件として質物の継続占有を求める。つまり、質権者が一度質物の引渡しを受ければ動産質の対抗要件が具備される、というわけではない。質権者は、質物を占有し続けることで、対外的に自己が質権者であることを示し続けなければ、動産質を第三者に対抗することができないのである。そもそも178条は「動産に関する物権の譲渡」に限られた規定である。動産物権変動全般に妥当する規定ではない。

(iii) **不動産質の対抗要件**　177条は「不動産に関する物権の得喪及び変更」に関する規定である。352条に相当する規定もない。これらから不動産質には原則どおりに177条が適用され、登記がその対抗要件になる。不動産質についてされる引渡しは、あくまでも効力発生要件としての意味しかもたない。

(iv) **質物の返還**　上記のとおり、345条は設定者による質物の占有を禁じる。では、質権者が引渡しを受けた質物を設定者に返還した場合、質権はどうなるか。117頁の質権者の権利や義務が問題にならなくなるのはいうまでもない。さらに進んで345条を根拠に質権は消滅するとも考えうる。質物の継続占有を質権の効力存続要件とみるのである。だが、判例は次の立場にある。不動産質の引渡しは効力発生要件でしかなく、登記が対抗要件である。このため、質権者が質物を設定者に返還して占有を失ったとしても、不動産質の効力には何らの影響も生じない。他方で、動産質権者は、質物の返還により対抗要件を

失う。しかし、質権自体が消滅するわけではない。だから、質権者は、設定者に対しては、質物の返還を請求することができる。

2 動産質・不動産質の効力

(1) 目的物の範囲

動産質は、質権者に引き渡された物に及ぶ。設定時に従物も引き渡されたならば、87条2項によりこれにも動産質の効力は及ぶ。その一方で、不動産質の効力は361条による370条の準用の結果、付加一体物（→29頁以下）に及ぶと解するのが通説である。

質権には優先弁済効があるため、物上代位性がある（350条・304条）。たとえば、質物が滅失し、損害賠償請求権が生じたならば、質権者は、この価値代償物から優先弁済を受けることができる。

(2) 被担保債権の範囲

質権は、いかなる範囲の債権を担保するのか。346条本文によると、元本に加えて、利息や違約金、さらには質権実行の費用や質物保存の費用、債務不履行または質物の瑕疵によって生じた損害賠償もその範囲に含まれる。抵当権の被担保債権の範囲を規定する375条（→27頁以下）と比べると、質権が担保する債権の範囲はかなり広い。質権者が質物を占有しており、またとくに動産質については一般に目的物の価額が大きくないため、後順位担保権者や一般債権者が利害関係人として登場しにくいから、そのような取扱いも許容される。ただし、不動産質については後述の358条のため、別段の合意がないかぎり、質権者は利息を請求すること自体ができず、したがって、利息債権が質権で担保されることはない。

(3) 質権者の権利と義務

質権には留置的効力がある。留置権（→176頁以下）と同じである。このため、350条が留置権に関する296条から300条までの規定を準用する。したがって、質権者は被担保債権の全部の弁済を受けていないかぎり、質物の全体を留置し続けることができる（不可分性〔→13-14頁〕。不可分性は、質権実行の局面で

は、被担保債権の全部の弁済がないかぎり、質物全体の換価が可能であることを意味する）。また、引渡しを受けた質権者も以後、質物を善良なる管理者の注意をもって占有する必要がある（350条・298条1項）。

350条が準用する規定には298条2項も含まれる。このことからすると、質権者は、質物所有者の承諾を得ずに質物を自ら使用し、または賃貸することができない（同項の「担保」については120頁の承諾転質を参照）。動産質については、このことがそのまま妥当する。動産質権者は、質物である時計を勝手に身に付けてはならない。もっとも、動産質権者は、留置権者と同様に、質物の果実を被担保債権の利息・元本に充当することはできる（350条・297条）。

これに対して、不動産質については356条の特則がある。不動産質権者は、原則として目的不動産を使用し、収益することができる（収益的効力）。居住用建物を目的不動産とする質権を有する者は、設定者の承諾を得なくても、その建物に居住し、あるいは第三者に賃貸することができる。もっとも、356条は用法による制限を課してもいる。居住用の建物を工場に転用することは許されない。

不動産質権者は、使用収益権を得る代わりに、不動産の管理費用や負担を課される（357条）。修繕費用や固定資産税といったものがそれらに該当する。また、不動産質権者は被担保債権の利息を請求することもできない（358条）。以上は、通常、収益から諸費用を控除した額と利息がおおよそ一致するからであると説明される。

ここまでみてきた356条・357条・358条については、設定契約で別段の定めをすることができる（359条）。たとえば、別段の定めがあれば、不動産質権者であっても債務者から利息を受け取ることができる。

(4) 占有の回復

一般に、占有を内容とする物権を有する者がその占有を奪われた場合には、物権的返還請求権と占有回収の訴え（200条1項）という2つの手段により占有の回復を図ることができる。353条は、この点に関する特則を動産質について定める。

すなわち、動産質権者は、占有を失うことで352条により自己の権利を第三

者に対抗できなくなる（→116頁）。同条にいう第三者は、177条や178条の第三者よりも広く、設定者（と債務者）以外のすべての者をいう。不法占有者も含まれるのである。したがって、占有を失った動産質権者は、それを奪った不法占有者に対しても物権的請求権を行使することができない。このため、353条は、質物の占有を喪失した動産質権者が「占有回収の訴えによってのみ、その質物を回復することができる」と定める。

不動産質については352条や353条に相当する特則がない。不動産質権者は、物権的返還請求権も行使することができる。不動産質の対抗要件は登記であるため、質権者は、かりに占有を失ったとしても、登記さえあれば自己の権利を第三者に対抗できるからである。

なお、占有侵奪以外の侵害があった場合やそのおそれがある場合は、動産質と不動産質のいずれかを問わず、質権者は占有の訴えや質権に基づく物権的請求権による保護を受けられる。

(5) 転質

転質とは、質権の設定を受けた者自らが質権を設定することをいう。抵当権に関する転抵当（→101頁以下）に相当する。たとえば、Aに対する貸金債権 f_1 の担保としてAが所有する動産にBが質権の設定を受けていたとする。B自身がCから貸付けを受け、この債権 f_2 の担保としてAから引渡しを受けていた質物に重ねて質権を設定したとしよう。この場合において、Bが設定した質権が転質権にあたる（→【図表3-1】）。これに対して、Aが設定した質権は原質権と呼ばれる。転質権も質権であるから、その設定には質物の引渡し（344条）が必要である。転質には責任転質と承諾転質の2つがある。

【図表3-1】 転質の法律関係

(ⅰ) **責任転質** 348条前段は、質権者が自己の責任で、つまり質物所有者の承諾を得ることなく、質物に転質権を設定することができると定める。責任転質が設定されると原質権者Bが把握していた質物の担保価値が転質権者Cによって優先的に把握される。責任転質の法的性質をどう考えるか。古典的な議論がある。

付従性のため原質権とその被担保債権 f_1 の分離を認めるべきではないとの考えからは、それらがともに質入れされるとの立場が唱えられる（共同質入説）。しかし、原質権と f_1 をともに転質権の目的にするという結論は、f_1 に債権質が設定されさえすれば導かれる。質権は、随伴性を有するため、被担保債権の処分に従う（→123頁）。被担保債権 f_1 が質入れされれば、これを担保するための原質権にも質権が及ぶのである。そうだとすると、348条がわざわざ定められている意味がない。また、348条の文言（「質物について、転質をする」）からは被担保債権も転質の目的になることは読み取れない。これらを根拠に被担保債権 f_1 から切り離された質物そのものが再度質入れされるものとする（付従性の例外を承認する）ことで、348条に独自の意義を認める（質物質入説）のが現在の通説である。

責任転質の特徴の一つとして、原質権者Bが原質権設定者Aに対して不可抗力による責任も負わなければならないことがある（348条後段）。また、責任転質権は原質権の存在を基礎とする。原質権がなくなれば転質権の存在も否定される。このため、原質権者Bやその債務者（転質権者Cからみれば第三債務者）Aに原質権の消滅をもたらす行為（原質権自体の放棄や f_1 の弁済等）を禁じることで、転質権が不当に消滅することを防ぐ必要がある。この前提として、転抵当に関する377条（→102頁）の類推適用により、転質を第三債務者Aに通知し、またはその承諾を得ることが必要になる。

(ⅱ) **承諾転質** 350条が298条2項を準用するため、質物所有者の承諾さえあれば、質物を「担保に供すること」、すなわち、それを新たな質権の目的とすることが許される。これを承諾転質と呼ぶ。

承諾転質は、基本的に、質物の所有者Aが原質権者Bの求めに応じて転質権者Cのための物上保証人になることを意味する。つまり、原質権者Bが質物として受け取った物にAが別個独立の普通の質権をCのために設定することをい

う。したがって、原質権者であるBが不可抗力による損失の責任までも負うことはない。また、原質権およびその被担保債権f_1と、転質権およびその被担保債権f_2は、互いに無関係である。原質権がf_1の弁済によって消滅しても、転質権がその影響を受けることはない。

3　動産質・不動産質の実行

質権者の優先弁済権（342条）は、不動産質と動産質のいずれについても、民事執行法所定の手続に基づいて行使されるのが原則である（民執180条以下・190条以下参照）。

また、349条によれば、質権者は、設定契約や債務の弁済期が到来する前の契約で弁済として質物の所有権を質権者に取得させるなど、法律に定める方法によらない処分を設定者に約束させることができない。これを流質契約の禁止という。この趣旨は、金を貸す側が借りる側の立場の弱さに付け込むことの防止にある。

たとえば、生活費にすら困っているAが高価な絵画を所有していて、Bがその絵画に目を付けているとしよう。流質契約が禁じられていないとどうなるだろう。どうしても金を必要とするAは、Bからの流質契約の申出に応じやすい。Bは、Aにいくばくかの金を貸し与え、絵画を質にとることで、最終的にそのわずかな金で絵画をAから取り上げることができるのである。この不正義は許されない。

そうはいっても、動産質については、一般に動産がそれほど高額でないために正規の執行手続に従ったのでは費用倒れになりかねない。質権を設定すること自体が無意味な場合も出てくる。そこで、354条は、動産質に限り、正当な理由、裁判所への請求およびその旨の債務者への事前通知を要件として、簡易な弁済充当を認める（これは、349条にいう「法律に定める方法」による処分の一つである）。この方法で動産質が実行されると、質物の所有権が質権者に移転するが、質物の鑑定人による評価額が被担保債権額よりも高い場合は、被担保債権は消滅し、差額分が質権者から設定者に返還される。逆に、評価額が被担保債権額よりも低い場合は、評価額を限度として被担保債権は一部消滅し、不足額は無担保の債権として存続する。

4 動産質・不動産質の消滅

質権は、物権全般の消滅原因（質物の滅失等）や担保物権に共通の消滅原因（被担保債権の消滅）のほか、350条準用の298条3項に基づく消滅請求によっても消滅しうる。さらに、不動産質は、存続期間（360条参照）の満了、361条が準用する378条（代価弁済）や379条以下（担保消滅請求）によっても消滅する。

III 権利質（債権質）

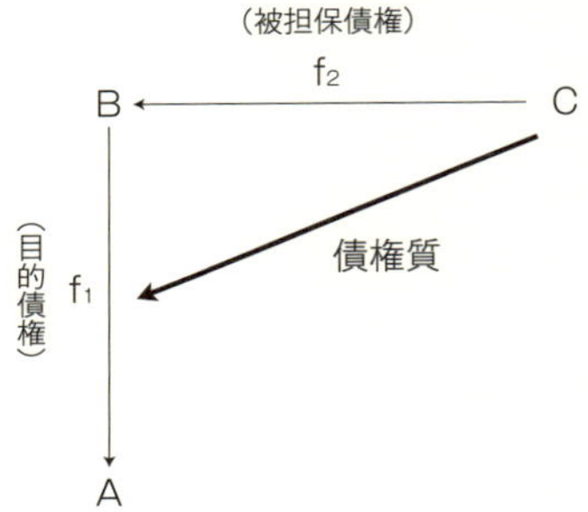

財産権にも質権を設定することができる（362条1項）。たとえば、Aに対して債権 f_1 をもつBが、自己の債務 f_2 の担保として、債権者Cのために f_1 に質権を設定する場合がそうである。この例のような債権を目的とする権利質は、債権質とも呼ばれる。株式といった有価証券や、特許権等の知的財産権を目的とする質権も権利質ではある。だが、会社法146条以下や特許法95条以下等の特別法の定めが別にある。民法の権利質の節には、362条を除けば、債権質に関する規定しか存在しない。証券的債権を目的とする質権の規定も平成29（2017）年の債権法改正により、民法第三編第一章第七節に移された（520条の7等）。そこで本書は、もっぱら証券と結びつけられていない普通の債権を目的とする質権を想定した説明に終始する。

【図表3-2】 債権質の権利関係
（被担保債権）
B ← f_2 ─ C
│
f_1（目的債権）↙ 債権質
│
A

債権質は、形こそ質であるが、その実質は、債務の不履行を停止条件とする債権の譲渡（466条以下）に極めて近い。債権譲渡に準じるものとして考えていけば債権質の理解は容易であるし、逆に、債権譲渡が理解できていないとここでの説明は難しく感じるであろう。自信のない者は、さきに債権総論のテキストの該当箇所を通読しておくとよい。

1　債権質の設定

　債権が質権の目的である。動産や不動産といった有体物に質権を設定する場合とは異なり、債権自体の引渡しや占有は考えられない。362条2項は344条を準用しない。債権に質権を設定するには当事者の合意があればたりる。

　目的債権は譲渡可能なものでなければならない（362条2項・343条）。債権は、譲渡可能であるのが原則である（466条1項本文）。したがって、原則として質権の目的にもなる。

　債権質の対抗要件については、364条が467条の規定に従うよう定めている。このため、債権質の設定を受けたCは、確定日付のない証書によって設定者Bが第三債務者Aに質権設定の通知をし、または第三債務者Aが質権の設定を承諾しただけでは、第三債務者Aに自己の質権を対抗できるにとどまる（467条1項参照）。第三債務者以外の第三者にも質権を対抗するには、確定日付のある証書による通知または承諾がなければならない（467条2項参照）。

2　債権質の効力

(1)　効力が及ぶ範囲

　目的債権が利息を生むことがある。基本権たる利息債権は元本債権の処分に随伴する。したがって、債権質は利息にも及ぶ（87条2項類推適用）。

　目的債権に担保（抵当権・質権・保証等）が付されているときは、債権質は、随伴性によりその担保にも及ぶ。この場合の質権者は、抵当権を行使するなどして債権を回収することもできる。

(2)　設定者と第三債務者に対する拘束

　動産質の目的物である動産が消滅した場合には動産質も消滅する。これと同様に、債権質の目的債権が消滅すれば、債権質は消滅してしまう。軽々しく消滅するのでは、債権質に対する信頼を損なう。債権質の消滅を防ぐことで質権者を保護する必要がある。このため、設定者Bは、目的債権を消滅させる行為（取立て、放棄等）をしてはならない。かりにこれを行ったとしても、その効力を質権者Cに対抗できない。398条の趣旨を汲むべきである。設定者は担保価

値維持義務を負うからであると説明されることもある。また、第三債務者Aも、通知・承諾の後には、自己の債権者（＝債権質の設定者）Bに対する弁済を理由とする債権の消滅を質権者Cに対抗することができない（481条1項の類推適用）。

3　債権質の実行

債権質権者Cは、民事執行法の手続により権利を行使することができる（民執193条）。だが、目的債権を第三債務者Aから直接に取り立てることもできる（366条1項）。目的債権が金銭債権であるときは、自己の債権額を限度とする取立てしか許されない（同条2項）。過剰な権利行使を認める理由はないからである。

4　債権質の消滅

債権質の目的は有体物ではない。このため、物権共通の消滅原因は直接には妥当しない。だが、担保物権共通の消滅原因は妥当する。つまり、被担保債権f_2が弁済されれば、債権質は消滅する。

第4章
非典型担保

　取引実務は、これまで述べてきた典型担保とは別に、さまざまな担保手段を生み出していった。民法に規定されていない種々の担保手段を非典型担保という。なぜ非典型担保が用いられるようになったのか、その存在意義はどのようなものなのか。また、非典型担保は、所有権を担保のために用いるしくみがとられているが、所有権はもともと担保権ではないために、形式と実質との齟齬があり、ここから、さまざまな問題がひきおこされている。そうしたことを判例や学説はどのように克服してきたのか。本章では、こうした非典型担保にまつわる諸問題を説明する。以下では、Ⅰで非典型担保の全体を概観した後、Ⅱ～Ⅳで各種の非典型担保を個別に取り上げる。そしてⅤで、債権を目的とした種々の担保手段をみていくことにする。

Ⅰ　非典型担保とは何か

1　非典型担保のしくみと種類

(1)　譲渡担保とは

　民法上、動産に設定できる約定担保は質権しかなく、登記・登録制度のある一部の動産が特別法により抵当権の目的物となりうるだけである（→20頁）。そして、動産質権の設定は占有改定によってすることができず、また質物の継続占有がその対抗要件である（→116頁）。そのため、たとえば印刷業者AがBから300万円の融資を受けるのに、自己所有の印刷機を担保に供しつつ、その占

有・使用を継続することはできない。そこで実務で用いられるようになったのが譲渡担保であり、そのしくみは次のとおりである。BがAに300万円を貸し付けるにあたって、（あたかもAがBに300万円で印刷機を売却するかのように）Bが貸付金を交付するかわりに、Aの所有する印刷機の所有権をBに移転させる。所有権移転の対抗力を得るための引渡しは占有改定（183条）をもって行い、印刷機の現実の占有や使用はAが引き続き行う。期日までにAがBに弁済をすれば、Aは印刷機の所有権を回復することができるが、弁済ができなければ、Aは印刷機の所有権を取り戻すことができなくなり、Bが印刷機の所有権を確定的に取得する。そしてBは、Aから印刷機の引渡しを受け、これを第三者に売却するなどして得た金員を貸金債権の弁済にあてる。

このように、譲渡担保は、目的物の所有権を債権者に移転させることによって担保を実現しようとするものである。譲渡担保には、上で述べたように動産を目的物とするもののほか、不動産を目的物とするものもあるし、債務者が第三者に対して有する債権を債権者に担保として譲渡する債権譲渡担保もある。

(2) 仮登記担保とは

不動産を目的物とする非典型担保としては、譲渡担保のほかに、仮登記担保というものもある。仮登記担保は、次のようなしくみである。

BがAに5000万円を貸し付けるにあたって、期日までにこの貸金債務を弁済できないときは弁済に代えてA所有の土地を譲り受ける旨の代物弁済予約をする（482条参照。同様の内容について、債務不履行を停止条件とする代物弁済契約の形をとることもある）。その際、Bは、Aの債務不履行時に取得する所有権移転請求権を仮登記（不登105条2号）で保全しておく。弁済期までにAが弁済できなかった場合、代物弁済予約が用いられたときは予約完結の意思表示で、停止条件付代物弁済契約が用いられたときは債務不履行によってただちに、土地の所有権がAからBに移転し、Bはこの土地を売却するなどして貸付金の回収を図る。なお、Bが仮登記をした後、Aがこの土地に他の債権者のための抵当権を設定したり、他に譲渡をしたとしても、Bは、Aの債務不履行後に本登記をすれば、仮登記時からの対抗力が認められるため（不登106条）、自己に所有権があることを確実に主張できることになる。

さきに(1)で述べたように、動産譲渡担保は、民法上に動産抵当の制度が存在しないために必要性が認められる。しかし、不動産については抵当権があるにもかかわらず、なぜ仮登記担保や不動産譲渡担保が用いられるのか。これについては後の２で説明することにしよう。

(3) 所有権留保とは

金銭の貸付けの場面で用いられる譲渡担保や仮登記担保とは異なり、売買契約において代金債権を担保するために用いられるのが、所有権留保である。たとえば、ＡがＢからパソコンを購入するにあたって、その代金30万円を分割で支払うことにされたが、その際ＡＢ間で、パソコンの引渡しはＡが即時に受けるものの、代金が完済されるまでパソコンの所有権はＢに留保されることを合意したとする。こうした所有権留保の特約があれば、買主Ａの代金債務が不履行となった場合に、売主Ｂは、所有権に基づいてＡから売買目的物の引渡しを受け、これを第三者に売却するなどして未払の代金債権の回収を図ることができる。

(4) 非典型担保と典型担保のしくみの違い

民法に規定されている典型担保では、目的物の所有権は債務者（または物上保証人）に帰属したまま、債権者がその上に制限物権としての担保物権を取得する形がとられている。それに対して、非典型担保は、目的物の所有権を債権者に帰属させる法形式をとることによって債権を担保するしくみがとられている。すなわち、譲渡担保の場合は設定時、仮登記担保の場合は債務不履行時に所有権を移転するものであり、所有権留保では、売主がもともと有していた所有権がそのまま売主にとどめられる（→【図表4-1】）。なお、非典型担保においても、債務者以外の者が設定者になる場合（物上保証）がありうるが、説明の便宜上、債務者が設定者となっている場合を主として念頭において叙述をすすめる。

非典型担保の場合は、債権者のもつ権利が担保物権よりも大きな所有権となり、他方、債務者は何らの物権ももたない状態となるが、このことがさまざまな問題を引き起こすことになる。次にそのことを説明することにしよう。

【図表4-1】 典型担保と非典型担保

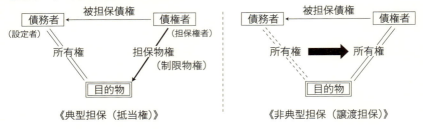

2 非典型担保の課題

(1) 清算義務——当事者間の関係

　次のようなケースを考えてみよう。Aは、自身の所有する5000万円相当の不動産を譲渡担保に供することにより、Bから3000万円を借り受けた。ところが、Aは期限までに貸付金をBに弁済できず、この不動産を失うこととなった。

　契約自由の原則からすれば、目的物をいくらで売買しようとも、それは当事者の自由である。それと同様に譲渡担保の場合も、借り受けた3000万円の弁済ができなくなる代わりに5000万円相当の不動産を失うことになっても、それは債務者自身がそのような内容で合意をした以上しかたない、となりそうでもある。実際、不動産譲渡担保や仮登記担保は、債務者の窮状に乗じて、債権者がこうした「丸取り」のうまみをねらって利用されることが多かった。

　しかし、被担保債権が3000万円の抵当権が5000万円の不動産に設定された場合、抵当権者は抵当不動産に優先弁済効を及ぼすことはできても、被担保債権以上の額をこの不動産から得ることはできない。譲渡担保も、担保の意図をもってされる以上は、やはり3000万円の貸付けによって5000万円の不動産を取得できるとするのは妥当とはいえない。

　当初の判例は、目的物評価額が被担保債権額の4～5倍にも及ぶ場合に暴利行為により無効になるとするにとどまっていた。しかしその後、非典型担保も担保の実体にそくして解釈すべきことが学説上強く主張されたのを受け、たとえ当事者間で無清算の特約をしていたとしても、債権者は目的物評価額と被担

保債権額の差額について常に清算をすべき旨が判示され、非典型担保における清算義務が判例法理として確立した（代物弁済予約につき最判昭和42・11・16民集21巻9号2430頁、譲渡担保につき最判昭和46・3・25民集25巻2号208頁）。

債権者の丸取りのうまみが失われた現在、不動産譲渡担保や仮登記担保のもつ積極的な存在意義は、不動産競売手続によらない私的な担保権実行を確実になしうることに求められる（詳しくは3で説明する）。

(2) 譲渡担保の法的構成——対外的関係

譲渡担保設定契約では、債務者が期日までに弁済をしたならば、譲渡担保権者は目的物の所有権を債務者に戻さなければならず、弁済期前に目的物を処分することは禁止される。ところが、そうした約定に反して、譲渡担保権者が弁済期前に目的物を第三者に譲渡してしまったとしたら、どうなるか。譲渡担保の場合、法形式上は、目的物の所有権が設定契約時に債権者に移転するため、債務者は目的物についての物権的権利を何ら有しない。そのため、債務者としては、たとえ譲受人が譲渡担保に関する事情を熟知する立場にあったとしても、譲受人に対して何らの権利主張もできないことになってしまう。しかし、それでは、典型担保における設定者にくらべ、あまりに立場が弱過ぎる。

そこで、譲渡担保の法的構成については、譲渡担保権者のもつ権利を所有権そのものとする（所有権的構成）のではなく、これを担保権の内容にとどめ、他方で債務者にも何らかの物権的権利を認めるという考え（担保権的構成）が次第にとられるようになった。ただ、所有権移転という形式と担保権設定という実質の両要素を法的構成にどのような形で反映させるか、学説はさまざまに分かれている（→131-132頁）。

3　非典型担保の意義と機能

非典型担保の役割、存在意義について、ここでまとめておこう。

①動産抵当の実現　　Ⅰの冒頭にも述べたように、動産につき譲渡担保を用いれば、民法上は不可能な動産抵当を実現することができる。

②多様な担保対象　　「暖簾(のれん)」や「老舗(しにせ)」（得意先や仕入先関係、名声、ノウハウ等を総合した無形の営業上の資産）、営業権などは、民法に明文の根拠規定がない

ため、権利質の目的とするのに不安がある。また、構成物が変動する集合物を一括して担保の目的物にする制度も民法には用意されていない。譲渡担保によれば、こうした多様な財産への担保設定を容易にすることができる。

③私的担保権実行の実現　さきに述べたように、不動産については抵当権が利用可能であるにもかかわらず、あえて譲渡担保や仮登記担保が用いられることもある。清算義務の確立によって丸取りのうまみが解消された現在、これら非典型担保の存在意義として認められるのは何か。それは、裁判所の下ですすめられる競売手続によらず、私的実行をすることを前提とした担保権を設定できることにある。

競売手続には時間も費用もかかり、しかもどれだけの価格で売却できるのかも不確定的である。そこで、担保権の実行にあたり、競売手続を利用するのではなく、担保権者が自ら買受希望者を探してきて担保目的物を換価するという私的実行をしようと考えたとする。しかし抵当権で私的実行をするには、後順位抵当権者等、他の利害関係人全員から登記抹消等について同意を得る必要があるため、その実現には困難がともなう。この点、不動産譲渡担保であれば、登記名義が譲渡担保権者にあるので、後順位担保権者があらわれること自体を阻止することができる。そのため、譲渡担保権者が目的物の所有権を自ら取得し、また第三者への売却を自由に行うなど、私的実行を容易にすることができる。このように、私的実行を実現できる担保であることが、所有権留保や動産譲渡担保等も含め、すべての非典型担保に共通する積極的意義なのである。

II　譲渡担保

1　譲渡担保の意義と法的構成

(1)　譲渡担保の意義と有効性

目的物の所有権を債権者に移転する形式をとって債権の担保を図るのが譲渡担保である。さきに述べたとおり、譲渡担保は私的実行を前提とした担保という意義を有するが、それに加え、動産譲渡担保では動産抵当の実現という意義もあり、また構成物が変動する集合物など多様なものを担保目的とすることも

可能となる。なお、債権も譲渡担保の目的にすることができるが、これについてはⅤで取り上げることにし、さしあたり以下では有体物を目的とする譲渡担保のみを扱う。

かつては、譲渡担保が質権の諸規定（設定者による代理占有の禁止：345条、流質契約の禁止：349条→116頁、121頁）の脱法行為にあたり無効ではないかという疑問が呈されることもあったが、現在は、譲渡担保は質権とは別のものであるとの理由から、その有効性を疑うものはない。

(2) 譲渡担保の法的構成

譲渡担保の法的構成については種々の見解がみられるが、債務者（設定者）が目的物につき何らかの物権的権利を有するとみるか否かによって、所有権的構成と担保権的構成に大別される（→【図表4-2】）。

【図表4-2】 譲渡担保の法的構成

《所有権的構成》

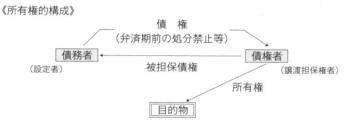

《担保権的構成①——設定者留保権説、物権的期待権説等》

《担保権的構成②——抵当権説、私的実行型担保権説等》

(a) 所有権的構成

債権者に目的物の所有権が完全に移転し、設定者には債権的権利しか残らないとする構成である。これによれば、債権者は所有者としての地位にあり、ただその所有権を担保目的以外に行使してはならない（弁済期到来までは買戻しに応じなければならない）という債務を債務者に対して負うにすぎないとされる。

(b) 担保権的構成

債務者にも何らかの物権的権利を認めようとするのが担保権的構成である。当事者の意思のなかにある担保目的という要素も法律行為の効果に反映させるものといえる。この場合、所有権移転の外観を信頼して取引した者を保護する94条2項や192条により第三者との関係が調整されることになる。担保権的構成を採る諸学説は、次の2つの見解に分けられる。

（i）所有権移転を認める見解　　所有権は譲渡担保権者に移転するとしつつ、所有権のうち担保としての価値以外の部分については債務者に留保されるとするものがある（設定者留保権説）。また、譲渡担保権者に所有権は移転するものの、債務者には被担保債権を弁済することによって所有権を取得しうるという期待権があり、これが物権としての効力をもつとする見解もある（物権的期待権説）。

（ii）制限物権型担保と構成する見解　　譲渡担保権者は制限物権としての担保権を取得するに過ぎず、所有権自体は設定者に帰属するとみる見解もある。ここにいう譲渡担保権の内容を抵当権と同視する見解もあるが（抵当権説）、抵当権とは異なる独自の意義があることをふまえるなら、より正確には、私的実行型担保権と表現されるべきものといえる（私的実行型担保権説）。

譲渡担保についての判例の立場

譲渡担保の法的構成に関する判例の立場は、時代によって刻々と変化してきた。最初期の判例は、担保目的で譲渡をすることを虚偽表示ゆえに無効としていた。その後、判例は、譲渡担保が虚偽表示であることを否定して所有権移転の効力が生じることを認めつつ、しかし当事者間では所有権が移転しないとする理論を展開した（外部的にのみ移転）。このように所有権の帰属を相対的にとらえることに学説の多くが反対をしたため、判例はまず、譲渡担保には外部的

にのみ移転型のほか、対外的にも対内的にも所有権が移転する場合（内外部とも移転型）もありうるとし、後にはこの立場も修正して、譲渡担保では所有権が内外部とも絶対的に債権者側に移転するとの見解（所有権的構成）を採るに至った。その後現在に至るまで、判例は所有権的構成の立場を維持していると理解する向きもあるが、以下で説明をしていくように、実際には、多くの局面で担保権的構成に依拠した解釈が採られていることに留意してほしい。

(3) 譲渡担保と売渡担保

かつての判例は、譲渡担保のなかには譲渡担保設定契約としての売買契約の後に債権債務関係の残らない売渡担保と、債権債務関係の残る狭義の譲渡担保という2種のものがあるとし、買戻し（579条以下）や再売買予約（556条参照）による場合を前者に当たるものとして扱っていた。しかし、そもそも被担保債権の存在しないものを担保と観念すること自体が不自然というべきである。現在では、売渡担保という概念は不要であり、買戻しや再売買予約が用いられていても、担保を目的とする以上は、一律に譲渡担保として清算義務等の法理に服させるべきものと解されている。判例も、「買戻特約付売買契約の形式が採られていても、目的不動産の占有の移転を伴わない契約は、特段の事情のない限り、債権担保の目的で締結されたものと推認され、その性質は譲渡担保契約と解するのが相当である」としている（最判平成18・2・7民集60巻2号480頁）。

2 譲渡担保の目的物と公示・対抗

譲渡担保の設定は、債権者と債務者または第三者（物上保証人）との間で結ばれる譲渡担保設定契約による。目的物の占有・利用についても、その際の当事者間の約定によって定められるが、通常は、設定者（債務者または物上保証人。以下同じ）が占有・利用権限をもつものとされる。譲渡担保は、個別の不動産や動産のほか、集合物（動産の集合体）を目的物とすることもできる。以下で、目的物ごとに公示・対抗についてみていくことにしよう。

(1) 不動産譲渡担保

不動産譲渡担保は、所有権移転登記によって公示される。所有権移転の原因

として「譲渡担保」と付記することもできるが、これが「売買」とされていることもある。学説には、譲渡担保の付記がある場合にのみ譲渡担保権の公示・対抗力を認めるものもある。しかし、この付記がされたとしても、債務不履行によって確定的に譲渡担保権者へ所有権が移転しているかを判別できないし、被担保債権額が表記されるわけでもないから、この付記自体に特別の法的効力を認めるには難がある（せいぜい94条2項の適用に際して第三者の悪意を判断する一要素となりうる程度というべきであろう→140頁）。

(2) 動産譲渡担保

　動産譲渡担保では、動産抵当を実現するために、対抗要件である引渡し（178条）として占有改定（183条）の方法が用いられることが多い。

　取引実務では、目的動産にネームプレートを付したり、打刻をするなど、明認方法を施す慣行がみられる。明認方法を譲渡担保の対抗要件とすべきとの見解もあるが、明認方法があれば譲渡担保の存在を知らなかったことについて過失があると判断され、第三者に即時取得されるおそれを回避できる、という点にその意義を求めるのが一般的である。

　平成16（2004）年には動産債権譲渡特例法（正式には「動産及び債権の譲渡の対抗要件に関する民法の特例等に関する法律」）により動産譲渡登記制度が創設され、動産譲渡登記ファイルへの登記があれば民法178条の引渡しがあったものとみなすこととされた（登記が引渡しに優先するわけではない）（動産債権譲渡3条1項）。もっとも、占有改定と同じ効力しか認められないというのでは、わざわざ手間をかけて動産譲渡登記をする意味など、ないに等しい。実は、動産譲渡登記をするメリットは、対抗力を得るということよりも、むしろ、明認方法を施すのと同様、善意・無過失要件の具備を妨げて、第三者に即時取得されるおそれを回避しうることにある（ただし、登記がなされたとしても、つねに第三者の過失が認められるとは限らない）。

(3) 集合物譲渡担保

(a) 集合物とは

　集合物とは、一定の目的の下に集められた数個の物の集団であって、その各

個の物が独自の存在性と取引価値を失うことなく、しかも集団自体も一個の統一的財産として特有単一の経済的価値を有し、取引上一体として取り扱われているものをいう。集合物には、倉庫内の在庫商品のように、構成物が随時変動していくもの（流動動産ともよばれる）もある。

> **流動動産の理論構成——分析論と集合物論**
> 　構成物が変動していく流動動産に譲渡担保の効力が及ぶことは、理論的にどのように説明されるか。かつては、流動動産譲渡担保の目的物は、集合体を構成する個々の動産であるとみたうえで、動産が新たに加わることを停止条件、動産が離脱することを解除条件とする契約が結ばれたものとする見方（分析論）があった。この構成によると、個別動産が集合物に加入するごとに順次譲渡担保が成立することになるが、しかしこれでは、個別動産の加入時に債務者が無資力となっていた場合に詐害行為取消権（424条）や否認権（破160条以下）を行使されかねず、担保としては不安定にすぎる。そこで、現在の判例・多数説は、流動動産譲渡担保の目的物を1個の集合体そのものととらえ、個々の動産が変動しても、集合体としては譲渡担保設定契約の時から同一性を保ったまま存続するものと解している（集合物論）。

(b)　目的物の特定

　集合物を目的とする譲渡担保設定契約が有効とされるためには、目的物が特定されている必要がある。判例は、流動動産についても、その種類、所在場所および量的範囲を指定するなど何らかの方法で目的物の範囲が特定される場合には一個の集合物として譲渡担保の目的にできるとしている。もっとも、「倉庫内にある小麦粉30トンのうち20トン」のように、集合物の一部だけを抽象的・数量的に指示して譲渡担保に供するような方法では特定性は認められないとしている（最判昭和54・2・15民集33巻1号51頁）。

(c)　公示・対抗要件

　集合物の譲渡担保でも、個別動産におけるのと同様に、占有改定により対抗力が認められる。流動動産の場合、譲渡担保設定契約時に占有改定がされていれば、その効力は、集合物としての同一性が維持されているかぎり、新たにその構成部分となった動産にも及ぶものとされる（最判昭和62・11・10民集41巻8

号1559頁)。

なお、動産債権譲渡特例法では、動産の種類と保管場所を記載する方法による譲渡登記も認められており、流動動産にも利用できるようになっている。

3 譲渡担保の効力の及ぶ範囲

(1) 被担保債権の範囲

譲渡担保で担保される債権の範囲は、強行法規または公序良俗に反しないかぎり当事者間で自由に取り決めることができると一般に解されている。不動産譲渡担保の被担保債権の範囲については、抵当権に関する375条を類推適用すべきとの見解もあるが、通説は、元本、利息、遅延損害金等のほか、実質的に設定者の負担に帰すべき費用を担保権者が支出した場合の償還請求権等が被担保債権に含まれるとしている。抵当権とは異なり、不動産譲渡担保については、登記名義が譲渡担保権者にあって、後順位担保権の出現することがないからである。

(2) 目的物の範囲と物上代位

譲渡担保の目的物の範囲は、設定契約によって定められる。目的物について生じた代償物にも譲渡担保の効力が及ぶか、すなわち譲渡担保でも物上代位が認められるかも問題となるが、判例・多数説はこれを肯定する（最決平成22・12・2民集64巻8号1990頁、最決平成29・5・10民集71巻5号789頁)。

(3) 流動動産における構成物の譲渡

在庫商品や生簀の中の養殖魚など、集合物の内容が譲渡担保設定者の経済活動を通じて当然に変動することが予定されている流動動産の譲渡担保では、譲渡担保設定者に「通常の営業の範囲」内で目的物の範囲内にある動産を処分する権限が付与されている。したがって、設定者が通常の取引の範囲内で動産を第三者に譲渡した場合には、当該動産に対して譲渡担保の効力は及ばず、譲受人は確定的に所有権を取得することができる。

では、設定者が通常の取引の範囲を超えて動産を第三者に譲渡した場合はどうか。判例は、こうした譲渡は、権限に基づかないものである以上、譲渡担保

契約に定められた保管場所から搬出されるなどして当該譲渡担保の目的である集合物から離脱したと認められる場合でないかぎり、譲受人は目的物の所有権を承継取得することができないとしている（最判平成18・7・20民集60巻6号2499頁）。この判例については、抵当山林から伐採され搬出された伐木にも抵当権の効力は及びうるとされているのとは異なり（→35頁以下）、流動動産譲渡担保では、集合物から構成物が離脱すると、もはや譲渡担保の効力を及ぼしえない、と解したとみる余地もある。しかし、設定者が構成物を別の場所に移動させてしまいさえすれば、譲渡担保権者が元の場所へ戻すよう主張することができなくなる、とするのは妥当ではない。構成物が第三者に売却処分され搬出された場合には対抗力が失われる、という解釈がされるべきであろう。

なお、構成物に譲渡担保権の効力が及ぼせなくなったと解すべき場合でも、譲渡担保権者が売買代金につき物上代位権を行使することは認められる。

流動動産譲渡担保における損害賠償金への物上代位

前掲最決平成22・12・2は、譲渡担保が設定された生簀内の養殖魚が赤潮により死滅したため、養殖業者に支払われる損害保険金につき譲渡担保権者が物上代位権を行使した事案にかかるものである。原審は、保険金請求権の取得は通常営業の範囲を超えるものであるとして、赤潮被害の発生時より譲渡担保権者には物上代位が認められるとした。しかし、上に述べたように、売買代金に対する物上代位に関しては、通常営業の範囲内の売却処分か否かは判断基準として機能するとしても、損害賠償請求権等に対する物上代位の場合には妥当するといえない。なぜなら、受領した賠償金や保険金により設定者が新たに稚魚を仕入れ、生簀での養殖を続ける分には、通常営業の範囲を超えたことをしているとは評価できないはずだからである。この点、最高裁は、流動動産譲渡担保契約は、設定者が目的動産を販売して営業を継続することを前提とするものであるから、設定者が通常の営業を継続している場合には、目的動産の滅失により保険金請求権が発生したとしても、譲渡担保権者がこれに物上代位権を行使することは許されないとした。

4　譲渡担保の実行

(1)　譲渡担保の実行・清算方法

　譲渡担保権者が被担保債権の回収を図るべく譲渡担保を実行する場合において、譲渡担保の目的物価額が被担保債権額を超えるときは、設定者にその差額を清算金として支払わなければならない。譲渡担保の実行・清算の方法には、帰属清算と処分清算の2種がある。

　①帰属清算　　譲渡担保権者が目的物の所有権を取得し、その評価額から被担保債権額を差し引いた額を清算金として支払う方法である。設定者からの目的物の引渡しは譲渡担保権者の清算金支払と引換給付になる（前掲最判昭和46・3・25）。

　②処分清算　　譲渡担保権者が目的物を第三者へ売却し、そこで得られた売買代金から被担保債権を差し引いた額を清算金として支払う方法である。

　この2つの方法のいずれを原則とみるべきか。学説では、帰属清算が実行・清算方法の原則であって、処分清算はそれを許容する旨の特約がある場合にかぎって認められる、とするものも有力である。譲渡担保権者が目的物を処分しないと清算金を用意できない場合もあろうことからすれば、（立法により帰属清算に一本化された仮登記担保とは異なり）譲渡担保については処分清算の方法も許されてよい。しかし、処分清算の場合は、不当に廉価で処分されたために清算金が少額になってしまう事態に設定者が抗することが難しくなる。この点、帰属清算ならば、処分される前の段階で、設定者が目的物の引渡しを拒みつつ譲渡担保権者との間で清算金の額を争うことができるため、適正価額での清算金支払の確保がよりよく図れることになる。これが、帰属清算を原則と解すべきという主張の論拠である。しかし、次の(3)で述べるように、判例は、弁済期到来後には帰属清算の合意があったとしても、譲渡担保権者は処分清算の方法を選択できるとしている。

(2)　設定者の受戻権

　設定者は、債務の弁済期の到来後も、譲渡担保権者が譲渡担保の実行を完了するまでは、債務を弁済して目的物を取り戻すことを権利として主張できる

（受戻権）。では、譲渡担保権の実行が完了したことにより、受戻権が行使できなくなるのは、どのような場合か。

　処分清算において、設定者が受戻権を行使できるのは、相当価額で目的物が第三者に売却された時までである（最判昭和57・1・22民集36巻1号92頁）。では、帰属清算においてはどうか。判例は、清算金の提供時ないしは清算金のない旨の通知時に受戻権は消滅するほか、清算金の支払がないまま第三者への処分がなされても、もはや受戻権は行使できないとしている（最判昭和62・2・12民集41巻1号67頁）。

　帰属清算の本来の趣旨を貫徹させるならば、譲渡担保権者が清算金を支払わない間は、なお譲渡担保の実行は完了したとはいえず、たとえ清算金の支払に先だって譲渡担保権者が第三者に目的物を譲渡したとしても、被担保債権を弁済すれば目的物を受け戻せるとも解しうる。しかし、判例は、帰属清算が合意されていたとしても、弁済期到来後には譲渡担保権者は目的物を処分する権限を取得するから、譲受人がたとえ背信的悪意者に当たる場合であっても、設定者は受戻権を行使できなくなるとしている（最判平成6・2・22民集48巻2号414頁）。要するに、この判決は、弁済期が到来すれば、帰属清算と処分清算のいずれの方法で譲渡担保権を実行するのかは譲渡担保権者の自由に任されると解したものといえる。もっとも、帰属清算を原則と解すべきという前述した有力学説によれば、処分清算特約のない帰属清算型の譲渡担保では、清算金支払前に譲渡担保権者が目的物を譲渡しても（譲受人が94条2項により保護されるときは別として）なお受戻権の行使が認められるとされる。

(3)　受戻権の時効消滅

　譲渡担保設定者が受戻権を行使せず長期間が経過した場合でも、譲渡担保権が実行されないかぎり受戻権はいつまでも存続するのであろうか。権利関係が未確定の状態のまま長期間放置されることは好ましくないとして、受戻権も時効消滅するとみる見解も有力である。一つには、受戻権を形成権とみなし、166条2項により20年で消滅時効にかかるとする説がある（ただし、判例は、債務の弁済とそれにともなう目的物の返還請求権等を合体し、一個の形成権として受戻権を構成する余地はないとしている）。また、仮登記担保法11条ただし書前段を類推

適用し、譲渡担保設定者の受戻権も5年の期間制限に服するとする説もある。

5　譲渡担保の対外的効力①
――譲渡担保権者側の第三者と設定者の関係

譲渡担保権者が目的物を第三者に譲渡したり、譲渡担保権者の一般債権者が差押えをするような事態は、登記名義が譲渡担保権者となっている不動産の譲渡担保において生じる（→【図表4-3】）。以下では、不動産譲渡担保を念頭におき、譲渡担保権者側にあらわれた第三者と設定者との関係をみていこう。

(1)　譲渡担保権者からの譲受人

譲渡担保権者による目的物の譲渡については、譲渡が①弁済期前にされた場合、②被担保債権の弁済後にされた場合（弁済が弁済期前であった場合と弁済期後であった場合の両方がありうる）、③弁済期後にされた場合に分けられる。これら各場合において、設定者は譲渡担保権者からの譲受人に対していかなる主張ができるか。

(a)　弁済期前の譲渡・弁済後の譲渡

この3つの場合のうち①と②は、譲渡担保権者が本来してはならない譲渡ということになる。すなわち、①については、譲渡担保権者は弁済期前には目的物を譲渡してはならない約定となっているのに、これに反して譲渡をしたというものであり、また、②については、被担保債権が弁済されれば譲渡担保権は消滅するから、譲渡担保権者は目的物の登記名義を設定者に戻さなければなら

【図表4-3】　譲渡担保権者側の第三者と設定者の関係

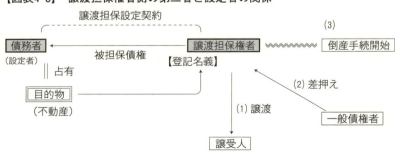

ないはずなのに譲渡をしたことになる。所有権的構成によるならば、たとえ設定者との関係では許されない譲渡であったとしても、譲渡担保権者は所有者なのだから、その譲受人は所有権を取得できることになる。他方、担保権的構成によるならば、譲渡担保権者が有しているのは担保権であるから、譲渡人の有している権利が所有権ではなく譲渡担保権であることにつき善意の譲受人は94条2項により所有権を取得しうるものの、そうでなければ、譲渡担保権を取得できるにとどまる。その場合、譲渡担保の債務者としては、弁済による受戻権を譲受人に対しても主張できることになる。

判例は、①の弁済期前に譲渡がされた場合については、善意であるか否かを問わず、譲受人は所有権を取得するものとした（大判大正9・9・25民録26輯1389頁）。また、②の弁済後に譲渡がなされた場合については、弁済による設定者への所有権の復帰と譲渡担保権者による譲渡とが二重譲渡と類似の状況にあるとみて、譲受人が背信的悪意者にあたらないかぎり、設定者は登記名義ある譲受人に対抗できないとする（最判昭和62・11・12判時1261号71頁）。ここで示された判例の立場は、いずれも譲渡担保権者に所有権があるという所有権的構成に依拠したものといえる。

(b) 弁済期後の譲渡

③の弁済期が徒過した後の譲渡担保権者による目的物の譲渡は、譲渡担保権の実行としてされたと解されるものである。さきにも述べたとおり、判例は、譲渡担保権者は、譲渡担保契約が帰属清算型であると処分清算型であるとを問わず、目的物を処分する権能を取得するから、この権能に基づいて譲渡担保権者が第三者に目的物を譲渡したときは、譲受人は、たとえ背信的悪意者であったとしても目的物の所有権を確定的に取得できるとしている（前掲最判平成6・2・22）。

この判決で注目したいのは、譲受人が所有権を取得できることの理由として、弁済期後は譲渡担保権者が処分権能を有しているから、という説明がされている点である。これを反対解釈するならば、被担保債権の弁済期前には譲渡担保権者は目的物の処分権能を有していないから、目的物を譲渡したとしても、譲受人は所有権を取得しえないことになる。弁済期前の譲渡担保権者には処分権能がないということは、譲渡担保権者が（完全な）所有権を有している

とはいえないことを意味するのであって、そうだとすれば、現在の判例は、所有権的構成の立場とはいえないと評価することができる。

　以上のような理解をふまえると、本判決をもって、弁済期前の譲受人が所有権を取得できるとした①の場合に関するかつての判例（前掲大判大正9・9・25）は変更されたものと解しうる。また、②の弁済後の譲受人に関する判例（前掲最判昭和62・11・12）は、譲渡担保権者が目的物の処分権能を取得する弁済期徒過後に弁済がされた場合にのみ妥当するのであって、弁済期前に弁済がされた場合は、設定者は受戻権行使の結果として譲受人に対し所有権を主張する余地があるとみることができる。

> **設定者の留置権の成否**
> 　譲渡担保権者からの譲受人と設定者との関係について、先回りとなってしまうが、留置権（→176頁以下）の成否の問題をここで考えてみよう。
> 　前出①の譲渡担保権者が弁済期前に目的物を第三者に譲渡した場合においては、設定者は譲渡担保権者に対し債務不履行に基づく損害賠償を請求できる。この場合、判例は、設定者は譲渡担保権者に対する損害賠償請求権を被担保債権とする留置権の成立を主張して、譲受人への目的物の引渡しを拒むことはできないとする（最判昭和34・9・3民集13巻11号1357頁）。
> 　他方、前出③の譲渡担保権者が弁済期後に目的物を第三者に譲渡した場合につき、判例は、譲渡担保権者の清算金支払が未了であるならば、設定者は譲渡担保権者に対する清算金支払請求権をもって譲受人に留置権を主張できるとしている（最判平成9・4・11裁集民183号241頁等）。清算金支払請求権を被担保債権とする留置権の成立は、仮登記担保でも同様に認められている（→148頁）。
> 　①の場合と③の場合とを比較すると、債務者が債務不履行をしていない前者のほうが、債務不履行により譲渡担保権が実行された局面にある後者よりも債務者の要保護性は高い。そうであるならば、③の場合に留置権が認められる以上はなおのこと、①の場合に留置権が認められてしかるべきといえる。学説には、③において留置権を認めた判例により、①において留置権を否定した判例は実質的に変更されたとみる向きもある。

(2) 譲渡担保権者の債権者による差押え

　譲渡担保権者の債権者が譲渡担保の目的物を譲渡担保権者の所有物であるとして差し押さえ、強制執行をしようとした場合において、もし設定者に所有権のような物権的権利のあることが認められるのなら、設定者はその目的物に対する強制執行の不許を求めて訴え（第三者異議の訴え：民執38条1項）を提起することができる。ここで譲渡担保の法的構成として所有権的構成を採るならば、設定者には物権的な権利がない以上、差押債権者に対して何らの主張もできず、差押えの効力は完全に有効となる。他方、担保権的構成によるなら、譲渡担保権者に被担保債権を弁済すれば、自身が目的物の所有者であるとして第三者異議の訴えも認められることになる（ただし、差押債権者は94条2項によって保護されうる）。

　判例は、弁済期徒過後においては、譲渡担保権者の一般債権者は譲渡担保の目的物につき差押えをすることができるとしている（最判平成18・10・20民集60巻8号3098頁）。同判決は、傍論として、弁済期前は譲渡担保権者に目的物の処分権限がないので、差押えは認められない旨を述べており、弁済期前に譲渡担保権者から目的物を譲り受けた者が所有権を取得できないことをも示唆したものとして注目される。

(3) 譲渡担保権者の倒産

　譲渡担保権者について破産または会社更生の手続が開始された場合、判例・通説は、設定者は被担保債権を弁済することによって目的物を取り戻しうるとしている。かつての破産法等には、設定者は目的物を取り戻すことができないとする規定があったが（破旧88条、会更旧63条）、判例・通説をふまえ、平成16（2004）年の改正において削除された。

6　譲渡担保の対外的効力②
――設定者側の第三者と譲渡担保権者の関係

　譲渡担保の目的物について設定者が処分をしたり、設定者の一般債権者が差押えをしたりする事態は、目的物が設定者のもとにとどめられている動産譲渡担保の場合に生じる（→【図表4-4】）。登記名義が譲渡担保権者にある不動産譲

【図表4-4】 設定者側の第三者と譲渡担保権者の関係

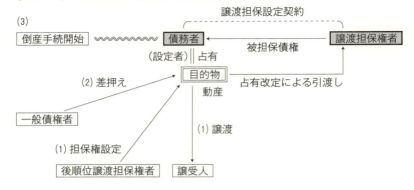

渡担保では、こうしたことは生じない。そのため以下では、動産譲渡担保の場合を念頭に、設定者側の第三者と譲渡担保権者の関係をみていくことにしよう。

(1) 設定者による譲渡・後順位譲渡担保権設定

譲渡担保の設定者が、譲渡担保権の設定されていることを秘して目的物を第三者に譲渡した場合、所有権的構成によれば、設定者は完全に所有権を失っているため、設定者からの譲受人は、即時取得の要件を満たさないかぎり所有権を取得しえない。

他方、担保権的構成によれば、譲受人は譲渡担保権の負担が付いた目的物の所有権を取得することになる（ただし、譲受人が即時取得の要件を満たしている場合には、負担のない所有権を取得することができる）。さらに、担保権的構成を採るならば、設定者は、手元にある譲渡担保の目的物につき、占有改定によってさらに別の債権者のために後順位の譲渡担保権を設定することも可能となる。判例には、流動動産譲渡担保の事例において、第２、第３順位の譲渡担保権の設定が有効なことを示したものがある（前掲最判平成18・7・20）。

(2) 設定者の一般債権者による差押え

譲渡担保設定者の一般債権者が目的物を差し押さえた場合、譲渡担保権者は

どのような主張ができるか。譲渡担保権の実質が担保であることからすれば、譲渡担保権者は目的物の所有者というわけではないので、第三者異議の訴えまでは認められず、差押債権者の開始した強制執行のなかで優先配当を受けられるだけでよい、とする考え方もありえなくはない。しかし、民事執行法では、配当要求ができる担保権者として先取特権者と質権者のみが掲げられていること（民執133条）もあり、担保権的構成をとる論者においても、第三者異議の訴えを譲渡担保権者に認めており、判例もそのように解している。

譲渡担保は担保権の私的実行を可能とする担保であり、後順位担保権者等の出現を排除することによって自らの主導のもとに実行手続をすすめられる点に意義をもつ。かりに他の債権者による差押えを譲渡担保権者が阻止できないとなると、譲渡担保に認められるはずのそうした機能が損なわれてしまう。そのため、担保権的構成を前提にするとしても、譲渡担保権者には第三者異議の訴えが認められるべきであるといえる。

(3) 譲渡担保設定者の倒産

設定者が倒産した場合、所有権的構成によれば、譲渡担保権者は所有権者として取戻権（破62条、民再52条、会更64条）を行使できることになるが、担保権的構成によるならば、譲渡担保権者が行使できるのは別除権（破２条９項・65条、民再53条）ないしは更生担保権（会更２条10項）となる。判例は、会社更生手続において譲渡担保権者が有するのは更生担保権であるとして、後者の見解をとっている（最判昭和41・４・28民集20巻４号900頁）。

Ⅲ　仮登記担保

1　仮登記担保の意義と仮登記担保法

(1)　仮登記担保とは

仮登記担保とは、債務者が債務を弁済できない場合に債務者または第三者（以下では設定者という）の土地等を債権者に譲渡することで弁済に代える旨の合意を、代物弁済予約や停止条件付代物弁済契約等によって行い、加えて、将

来発生する所有権移転請求権を仮登記により保全することで、債権を担保するものである。仮登記担保は、不動産譲渡担保と同じく、不動産競売による実行ではなく、私的実行を前提とした担保である点において、抵当権とは異なる意義をもちうる。

(2) 代物弁済予約から仮登記担保へ

本章Ⅰでも述べたように、仮登記担保については、単なる代物弁済予約というのではなく、債権者に清算義務を課すなど、担保としての実質にそくした扱いをする方向で判例が展開されていった。そうした判例の集積をふまえ、昭和53（1978）年には仮登記担保法（正式名称は「仮登記担保契約に関する法律」）が制定された。

同法の制定によって、債権者が丸取りできるという不当性は排除されたが、そうした抵当権にはないうまみを奪われ、また根仮登記担保の効力が否定されたこと等もあって、仮登記担保の利用は激減した。もっとも、同法は、（改善の余地はあるものの）私的実行のあるべき手続を規律したものとみることもでき、譲渡担保にも積極的に類推適用されるべきとする向きもある。その意味において同法にはなお一定の意義が認められる。

2　仮登記担保の設定と効力

(1) 仮登記担保の設定・公示

仮登記担保を設定する仮登記担保契約とは、「金銭債務を担保するため、その不履行があるときは債権者に債務者又は第三者に属する所有権その他の権利の移転等をすることを目的としてされた代物弁済の予約、停止条件付代物弁済契約その他の契約で、その契約による権利について仮登記又は仮登録のできるもの」（仮担1条）である。代物弁済予約や売買予約がなされた場合なら、予約完結の意思表示によって、また、停止条件付代物弁済契約がなされた場合なら、条件とされていた債務不履行になることによって当然に、目的物所有権が債権者に移転するのが、もともとの契約の内容である。しかし、仮登記担保法は、こうした契約のとおりには所有権移転の効果が生じないものとして、後に3で述べる手続に服させることにした。

仮登記担保の公示は仮登記または仮登録である。仮登記担保法では、この場合の仮登記を担保仮登記と称している（仮担4条1項）。

(2) 仮登記担保の効力等

担保仮登記をした債権者は、抵当権の登記をしたのと同様に、優先弁済的効力を得られる（仮担13条1項）。

仮登記担保の効力の及ぶ目的物の範囲や使用・収益に関しては設定契約で定められる。

被担保債権は、清算期間経過時に存する債権および設定者が負担すべき費用で債権者が代わりに負担したものの全額となる（仮担2条2項）。ただし、他の債権者が関係する局面では、抵当権に関する民法375条と同様、最後の2年分の利息・遅延損害金についてのみ仮登記担保権を行使しうるとされる（仮担4条3項・13条2項3号）。

なお、根仮登記担保は、当事者間では有効であるが、競売手続や倒産手続、あるいは先順位仮登記担保権者の支払う清算金に対する物上代位等の場面では、第三者効を有しない（仮担14条・19条・4条2項）。仮登記には被担保債権等の記載がなく、第三者に不測の損害を与えるおそれがあるためである。

3 仮登記担保の実行

(1) 設定者との関係

仮登記担保は、競売手続によらずに私的実行ができる担保権である。仮登記担保の実行過程は、おおむね次のとおりである（→【図表4-5】）。

①仮登記担保権実行の開始　債務者が債務不履行に陥った場合、仮登記担保契約での定めにそくして、仮登記担保の実行が開始する（代物弁済予約による場合は予約完結の意思表示、停止条件付代物弁済契約による場合は履行遅滞＝条件成就がこれに相当する）。

②清算金の見積額等の通知　上述したような契約の定めによってただちに目的物の所有権が仮登記担保権者に移転するわけではない。仮登記担保権者は、契約上所有権が移転するものとされている日以後に、債務者に対して清算金の見積額（清算金がない場合はその旨）や目的物の見積価額、被担保債権額を

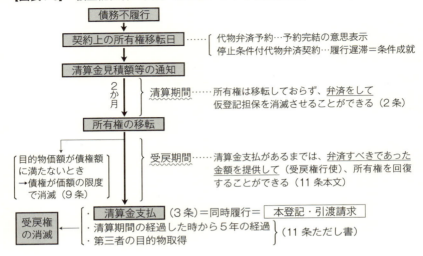

通知しなければならず、その通知が債務者のもとに到達した後2か月（清算期間）が経過して、はじめて所有権移転の効力が生じる。

③所有権移転と清算金支払　清算期間が経過すると、目的物の所有権は仮登記担保権者に移転し、仮登記担保権者は設定者に対して本登記および引渡しを請求できるようになる。目的物の価額が債権額に満たないときは、債権はその価額の限度で消滅する。一方、目的物の価額が債権額を上回るときは、仮登記担保権者は清算金支払義務を負う。清算金支払義務と本登記および引渡しの請求権とは同時履行の関係に立つものとされており、設定者としては、これによって清算金の支払を確保でき、また仮登記担保権者が提示した清算金額につき争うこともできる。

④設定者の受戻権　設定者は、清算金の支払を受けるまでは、債務が消滅しなかったならば支払うべきであった額を債権者に提供して、所有権を受け戻すことができる（受戻権）。ただし、清算期間の経過後5年が経過したとき、または第三者が所有権を取得したときには、受戻権は消滅する。なお、仮登記担保権者が清算金を支払う前に目的物を第三者に譲渡した場合には、設定者はその譲受人に対して留置権を主張することができる（最判昭和58・3・31民集37巻

2号152頁)。

(2) 後順位担保権者等との関係

仮登記担保の登記がされた後に登記された権利を有する者(後順位担保権者、第三取得者など)は、仮登記担保が実行されると権利を失うことになる。これらの者は、仮登記担保権者と設定者との間で目的物の評価額を低く見積もられると、清算金から自らが受け取れる額が減少してしまう。また、第三者弁済の機会を保障することも要請される。そこで、仮登記担保権者は、債務者に対する通知の後、遅滞なく、清算金の見積額等をこうした者にも通知しなければならないものとされた(仮担5条1項)。

後順位担保権者としては、仮登記担保権者が提示した清算金の見積額で満足し、これを受け入れる場合は、清算金の払渡しの前に差押えをすることによって、その清算金から優先弁済を受けることができる(物上代位:仮担4条)。また、第三取得者は、清算期間中は、第三者弁済をすることによって仮登記担保権を消滅させることもできる。

逆に、清算金の見積額に不満がある場合には、後順位担保権者は、清算期間内なら、(自身の被担保債権の弁済期が未到来でも)自ら競売を請求することができる(仮担12条)。

(3) 競売手続と仮登記担保権

一般債権者や後順位担保権者による不動産競売の申立てが仮登記担保権者の清算金支払前にされたときは、仮登記担保権者は本登記請求をすることができない(競売優先主義:仮担15条)。この場合、仮登記担保権者は配当要求ができるのみとなる。

IV 所有権留保

1 所有権留保の意義と法的構成

(1) 所有権留保の意義

所有権留保とは、売買に際して、代金完済を停止条件として買主への所有権移転を留保することにより、未払の代金債権を担保するものである。動産の売買代金債権については、先取特権によって優先弁済権が認められているが（→167-169頁）、所有権留保を用いれば、競売手続等を経ることなく、私的実行によって債権を回収することができる。

(2) 所有権留保の法的構成

所有権留保の場合は、譲渡担保と異なり、契約時における債務者から債権者への所有権移転はないものの、債権者が債権担保の目的で所有権をもつ形式がとられる点では譲渡担保と同様である。そのため、所有権留保の法的構成についても、譲渡担保と同様に、①売主の側が完全な所有権をもち、買主には物権的権利がないとする見解（所有権的構成）、②売主の側に所有権はあるとしつつ、買主にも代金完済時には所有権を取得できるという物権的期待権があるとする見解（担保権的構成1）、③売主の側が有しているのは制限物権的な担保権であって、所有権は買主に移転するとする見解（担保権的構成2）といったものがある。

学説には、被担保債権と目的物との牽連性や、清算義務が生じる場合が少ないこと等から、譲渡担保では担保権的構成を採るもののなかにも、所有権留保では所有権的構成を採る見解もある。しかし、担保権的構成を支持するものが多数であり、後述するように、判例でも、担保権的構成を前提とした判断がさまざまな局面において示されている。

2 所有権留保の設定・実行

(1) 所有権留保の設定・目的物

所有権留保は、売買契約において、代金完済まで買主への所有権の移転を留

保する旨の特約によって設定される。所有権留保において売主のもつ権利は、留保所有権とよばれる（売主以外の第三者が留保所有権者になる場合につき、後出(3)参照）。また、所有権留保における買主は留保買主とよばれる。

　所有権留保は、動産の割賦販売においてよく利用されており、割賦販売法では指定商品の割賦販売につき所有権留保が推定されている（同法7条）。不動産も所有権留保の目的物となるが、宅地建物取引業法には所有権留保が禁止される場合についての定めもある（同法43条）。

　継続的な商品供給契約が結ばれている場合には、売主と買主の間で生じる債権を包括的に担保する根所有権留保や、流動していく商品を包括的に目的物とする流動動産所有権留保も用いられている。

(2) 所有権留保の公示・対抗

　所有権留保の場合は、形式上は売主に所有権が留保されるだけで、移転という物権変動はない。そのため、法的構成につき1(2)で述べた①所有権的構成によるならば、対抗要件具備の問題は生じないし、②担保権的構成1をとった場合も、売主の側に所有権がとどまっているとみる以上、やはり売主の側で留保所有権につき対抗要件を具備することは不要と解される。他方、買主への所有権移転を観念する③担保権的構成2をとった場合には、制限物権的担保権たる留保所有権の取得につき対抗要件の具備が必要とされることになる。

　なお、不動産や自動車などが所有権留保の目的物となっているときは、売主が登記や登録名義を有することが留保所有権の公示となる。また、即時取得の成立を阻止するため、目的動産にネームプレートが付けられることもある。

(3) 割賦販売と信用供与

　割賦販売は、売主が売買代金の支払を猶予する場合ばかりではなく、信販会社（クレジットカード会社など）のような売主以外の第三者が信用供与者となる場合（割賦購入斡旋など）もある。割賦購入斡旋を用いた物件の売買があると、信販会社が売主に対して一括で代金を立替払し、その後、買主が信販会社に分割で立替金を支払っていくことになる。この場合、物件の所有権は立替払によって売主から信販会社に移転し、買主の代金完済まで信販会社が所有権を留保

する旨特約されるのが一般的である。

　こうした三者間で所有権留保を用いた取引がされた場合は、売主から信販会社への留保所有権の移転が観念されるから、所有権留保につきいずれの法的構成をとったとしても、信販会社としては留保所有権につき対抗要件の具備が必要と解されることになる。判例には、信販会社が留保所有権に基づき別除権（→後出3(3)）を主張するためには、対抗要件の具備が必要としたものがあるが（最判平成22・6・4民集64巻4号1107頁、最判平成29・12・7民集71巻10号1925頁）、二者間の所有権留保についても留保所有権の主張に対抗要件の具備が必要か否かは、明らかにされていない。

(4) 所有権留保の実行

　留保買主の履行遅滞があると、留保所有権者は、目的物の返還を請求することになるが、目的物の評価額から残代金債権額を差し引いた残額を清算金として留保買主に返還する義務を負い、その支払があるまでは留保買主は目的物の引渡しを拒むことができる。もっとも、動産の場合は使用や経年により価値が急速に下落するので、清算金支払義務が生じることはあまりない。

3　所有権留保の対外的効力

(1) 留保買主による目的物の譲渡

　留保買主が代金完済前に所有権留保の目的物を第三者に譲渡した場合、譲受人は、即時取得が成立するのでないかぎり目的物の所有権を取得することができない。担保権的構成に依拠して考えた場合には、即時取得を主張できない譲受人も、留保所有権という担保権の負担が付いた所有権を取得すると解する余地が生じる。もっとも、所有権留保の特約では目的物の処分が禁止されているのが通常であり、留保買主が第三者に譲渡をした時点で留保所有権者は解除ができるから、いずれにせよ、譲受人は、即時取得が認められないかぎり留保所有権者からの目的物引渡請求を拒めないこととなる。

(2) 流通が予定された物の場合における留保買主の譲渡

　たとえば、自動車ディーラーのA社からサブディーラーのB社へ、さらにB

【図表4-6】　流通が予定された物の所有権留保

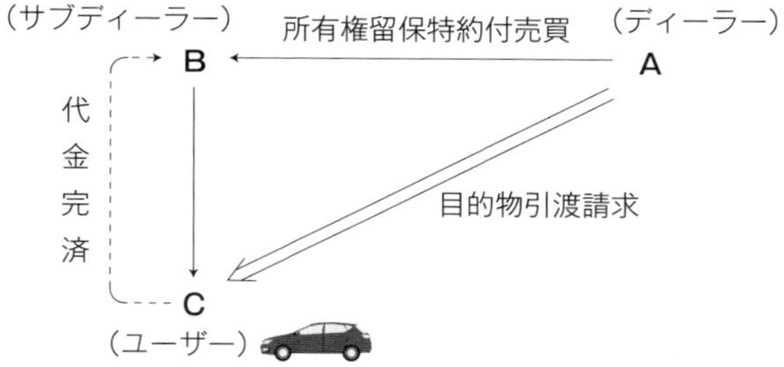

（サブディーラー）　　所有権留保特約付売買　　（ディーラー）
　　　　　B ←──────────────────── A
　　　代　│　　　　　　　　　　　　　╲
　　　金　│　　　　　　　　　　　　　　╲　目的物引渡請求
　　　完　│　　　　　　　　　　　　　　　╲
　　　済　↓　　　　　　　　　　　　　　　　↘
　　　　　C　🚗
　　　（ユーザー）

社から一般ユーザーのCへと、それぞれ所有権留保付きで自動車が売買されたが、B社がA社に対する代金債務を未払のまま倒産した場合、売買代金を完済していたCに対して、A社は自動車の引渡しを請求できるか（→【図表4-6】）。

判例は、ディーラーの転売容認ないしディーラー・サブディーラー間の協力関係、ユーザーの代金完済、ディーラー・サブディーラー間での所有権留保特約についてのユーザーの不知等の事情がある場合には、ユーザーはディーラーの権利濫用ないしは信義則違背を根拠として引渡請求を拒めるとしている（最判昭和50・2・28民集29巻2号193頁等）。

代金を完済していないユーザーも、期限が未到来であるなら債務不履行をしていることにはならない。そのため、学説では、ユーザーにおける代金完済や所有権留保特約の不知といった要件は不要とするものが多い。そもそもディーラーとサブディーラーには自動車販売につき協力関係がある以上、サブディーラーが生んだ負の財産・危険をユーザーに引き受けさせるべきではない。そこで、ディーラーからサブディーラーへの転売授権があったことをもってユーザーの所有権取得を根拠づける理論も提唱されている。

(3)　流動動産譲渡担保と所有権留保の関係

たとえば、Aに対してBが融資をするにあたり、A所有の倉庫内にある一切の在庫商品につき、将来搬入される分も含め、譲渡担保の設定を受け、占有改定による引渡しも了していたとする。その後、AがCから所有権留保特約付きで購入した商品が同倉庫内に搬入された場合、Bは、留保所有権の対象商品にも譲渡担保権の効力が及んでいるとして、Cの留保所有権に優先することを主

張できるか（→【図表4-7】）。

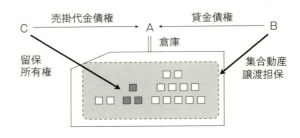
【図表4-7】 所有権者留保と譲渡担保の競合

流動動産譲渡担保では、将来搬入される分についても、設定時の占有改定で対抗要件が具備されたものとして扱われる（→135頁）。ここで、所有権留保の法的構成につき、留保所有権でも対抗要件の具備が必要とみる担保権的構成2を採った場合、上の例では、留保所有権の対抗要件具備は商品の売買時となるから、譲渡担保の対抗要件具備に後れることとなり、その結果、譲渡担保権が留保所有権に優先すると解することもできる。判例は、上の例でいうと、当該商品の所有権は、代金完済までCからAに移転しないものと解されるから、BはCに対して譲渡担保権を主張することができない、としている（最判平成30・12・7金法2105号6頁）。

(4) 留保買主の一般債権者の差押え、買主の倒産

留保買主の一般債権者が目的物を差し押さえた場合について、判例は、留保所有権者は第三者異議の訴え（民執38条）を提起することができるとしている。また、買主が倒産した場合については、破産・民事再生手続においては別除権（破2条9項・65条、民再53条）が、会社更生手続においては更生担保権（会更2条10項）が留保所有権者に認められる（前掲最判平成22・6・4）。要するに、判例は、譲渡担保におけるのと同様の扱いをしており、とくに留保買主が倒産した場合については担保権的構成を採ることが明確となっている。

(5) 留保所有権者の目的動産の撤去義務

たとえば、留保買主が、所有権留保の目的物（自動車）を他人の土地の上に放置したまま行方不明となったような場合、土地所有者は、この目的物の撤去請求を留保所有権者に対してすることができるか。所有権的構成を採るなら

ば、留保所有権者は所有者の立場にある以上、この義務を免れないことになる。この点につき判例は、留保所有権者は、被担保債権の弁済期前は目的物を占有・使用する権原を有しないものの、弁済期経過後は目的物の占有・処分ができる権能を有するから撤去義務を負うべきとした（最判平成21・3・10民集63巻3号385頁）。弁済期前の留保所有権者につき所有者としての責任を否定していることからすれば、判例の立場は、担保権的構成に親和的とみることができ、また、弁済期到来の前後で扱いを変える点は、譲渡担保における判例法理（→141頁）を踏襲したものということもできる。

V 債権担保

ここでは、債務者等が有している債権から優先的な回収を得るための担保手段である、債権譲渡担保と相殺についてみていこう。

1 債権譲渡担保

(1) 債権譲渡担保とは

いま、B銀行が中小企業A社への融資を検討しているとする。Aは担保となりそうな不動産は有していないが、優良企業であるC社に製品を毎月納入しており、そのためCに対する販売代金債権を恒常的に有しているとしよう。Bとしては、Aが有するこの債権を担保にとることができさえすれば、融資に応じることができそうである。というのも、販売代金債権の債務者であるCの資力に問題はなく、弁済期が到来すればきちんと支払われるであろうから、この債権の資産としての確実性は高い。しかも、いざとなればCから債権を取り立てるだけでよいので、不動産や動産を担保にとる場合と異なって換価の手間がかからず、債権回収が容易だというメリットもある。そこで、企業が有する債権を担保にとって融資を行うという金融慣行が徐々に普及するようになった（→【図表

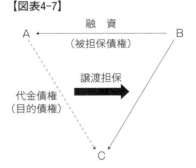

【図表4-7】

4-7】)。

　ところで、債権を担保の目的とする制度として、民法は債権質の規定を用意している（→122頁以下）。しかし実務では、債権質よりも譲渡担保の形式が用いられることが多い。これは、設定者（上記の例ではＡ。債務者とは別の者がなる場合もある）から担保権者（上記の例ではＢ）への債権譲渡（466条以下）の方法によって行われる（債権譲渡についての詳細は債権総論の教科書を参照してほしい）。債権質と債権譲渡担保は、対抗要件や実行方法などの実質面ではほとんど相違がなく、明文で規定された質権をわざわざ回避してまで譲渡担保によらなければならない理由はないはずである。しかし債権者は、「債権の譲渡を受ける」というほうがより強い効力があると感じるらしく、こうした心理的な理由から譲渡担保が広く用いられているようである。

(2) 集合債権譲渡担保

　債権譲渡担保の設定後にＡが担保目的債権（Ｃに対する債権）を取り立てることができないとすると、不都合が生じることがある。とりわけ、ＡにとってＣ向けの販売が大きな割合を占めているような場合には、Ｃから販売代金債権の弁済を受けてこれを次の仕入れや製造のために使えるのでなければ、Ａの事業はたちどころにストップしてしまうであろう。そこで債権譲渡担保では、通常、設定後もＡに引き続き担保目的債権の取立権限を残しておく。Ｂは、Ａの信用状態に問題が生じたところではじめてこの取立権限を剥奪し、Ｃから直接弁済を受領して被担保債権の回収に充てるのである。

　ところがこれだと、やや困った問題が生じる。不履行前にＡがＣから弁済を受ければ、担保目的債権は消滅してしまうので、Ｂはせっかく設定を受けた担保を失うことになりかねないのである。そこでＢとしては、ある月の販売代金債権についてＡがＣから弁済を受けることを許す見返りに、その翌月のＣへの納入によりＡが新たに取得する販売代金債権もあらかじめ担保としてとっておく必要がある。このように、複数の債権が順次「発生→消滅→発生」を繰り返すのを捉え、この循環する複数の債権を将来発生分も含めて譲渡担保にとる手法が、集合債権譲渡担保（将来債権譲渡担保）といわれるものである。

集合債権譲渡担保の普及が進みつつある背景

　ごく最近まで日本の銀行融資は、抵当権を中心とする不動産担保に極度に依存しており、抵当権は「担保の女王」とよばれることすらあった。戦後、地価は右肩上がりに上昇を続けたため、銀行はこの「土地神話」を前提に、企業から根抵当権の設定を受けて投資資金・運転資金を貸し付けてきた。地価の上昇を見越し、その時点での土地の価格を上回る極度額で根抵当権の設定を受けたうえで、過剰な融資を行うといったケースもまれではなかった。しかし、土地バブルの崩壊によってこの前提は崩れ、銀行は深刻な担保不足に直面することになった。

　ここで銀行が目をつけたのが、融資先企業が有する動産や債権であった。日本の企業が有する資産のうち、在庫商品や販売代金債権の価値は土地を上回るともいわれる。すなわち、2017年の統計によれば、企業が保有する土地の価値は約185兆円であるのに対し、在庫商品は約120兆円、販売代金債権は約220兆円もある。そこで、不動産担保に依存しない新たな金融手法として、在庫商品に対する集合動産譲渡担保や、販売代金債権に対する集合債権譲渡担保が用いられるようになってきたのである。この金融手法は ABL（Asset Based Lending、「資産担保融資」といった意味）とよばれ、現在では政府や日本銀行も、成長戦略の一環としてこの ABL の推進に注力するまでになっている。

(3) 将来債権譲渡の有効性

　債権譲渡担保では、(2)でみたように、未発生の債権（将来債権）も担保の目的とする必要性が高い。判例が将来債権譲渡の有効性を一般的に承認してから（最判平成11・1・29民集53巻1号151頁）、実務では近時、将来債権譲渡担保が積極的に活用されるようになってきている。平成29（2017）年の債権法改正では、将来債権譲渡が有効であることを明文化する規定も設けられた（466条の6）。

　もっとも、平成11年判決は、将来債権譲渡が有効とされるための要件として特定性を要求しており、これによれば、発生原因・数額・期間などによって譲渡対象債権が特定されていなければならない。しかし、譲渡対象債権の債務者

が誰かを指定することは必須ではなく、かりに譲渡の時点では債務者が不特定であったとしても、その他の要素によって譲渡対象債権を特定することができさえすれば、譲渡は有効であると解されている。たとえば、「ある商品の販売によって向こう3年間に生じる売掛代金債権」「ある特定の建物を賃貸することによって向こう5年間に生じる賃料債権」などと譲渡対象債権を指定していれば、特定性の要件は満たされており、現時点では買い手や入居者が誰になるか決まっていなくても、譲渡の有効性は否定されない。

ただし、平成11年判決によれば、将来債権譲渡が譲渡人の営業活動に過度の制限を加えたり、他の債権者に不当な不利益を与えたりする場合には、公序良俗違反（90条）を理由に譲渡が無効となりうることに注意が必要である。

(4) 対抗要件
(a) 民法上の対抗要件制度

債権譲渡では、債務者（【図表4-7】の例ではＣ）に対する対抗要件と、それ以外の第三者（ＡのＣに対する債権が二重譲渡された場合の第二譲受人Ｄなど）に対する対抗要件が区別されている。債務者対抗要件は債務者への通知または債務者の承諾であり（467条1項）、第三者対抗要件はこの通知・承諾が確定日付のある証書によってされることである（同条2項）。

債権譲渡担保においても、不動産や動産の譲渡担保と同様に（→131-132頁）、帰属移転構成（≒所有権的構成）と担保権的構成を観念しうるが、担保権的構成に立てば、譲渡担保設定契約を締結した時点では債権はまだ移転しないので、467条の適用はないとも考えられる（もっとも、債権質に関する364条の類推適用を認めれば、結局は467条の規律によることになろう）。これに対して帰属移転構成に立てば、通常の債権譲渡と同じように、債権は譲渡担保設定契約時に確定的に移転していることになる。判例は、後者の見解に立ち、債権譲渡担保の設定についても467条2項所定の方法により第三者対抗要件を具備することができるとした（最判平成13・11・22民集55巻6号1056頁）。なお、(2)で述べたように、債権譲渡担保では設定者（譲渡人）Ａが引き続き弁済を受領する権限を有していることが多いが、この判例は、取立権限が設定者に留保されていたとしても、担保設定につき第三者対抗要件を具備しうることにはかわりがないとしてい

る。

　債権譲渡担保では、将来債権が譲渡対象に含まれていることもある。このような譲渡担保について467条2項所定の通知がされた場合に、譲渡担保の対抗力が備わるのは通知時か債権発生時かも問題となるが、判例は前者の立場を前提としていると考えられる（最判平成19・2・15民集61巻1号243頁）。つまり、将来債権譲渡担保では、担保目的債権が未発生の段階でも対抗要件を備えることができる。

> **将来債権の移転時期**
> 　債権発生時にはじめて対抗力が備わるという考え方を採ると、債権が未発生のまま二重譲渡されてともに第三者対抗要件を備えた場合には、譲受人相互間の優劣を決定することができないという理論的問題が生じてしまう。そのため、将来債権譲渡担保の対抗力は債権未発生の段階ですでに備わるという判例の立場は、現在では広く支持されているといってよいであろう。問題となるのは、このことを説明するための理論構成である。対抗要件を権利移転の公示手段と解するかぎり、譲渡契約時に何らかの権利が移転していなければその時点での対抗要件具備も観念できないというのが一般的な考え方だからである。
> 　前掲最判平成19・2・15が現れたのを契機に、学説ではこの問題について議論が盛んに行われたが、そこで有力に主張されたのは、譲渡契約時に未発生の債権にかかる何らかの権利が譲受人に移転するとみる見解だった。ただし、債権が未発生である以上、移転の客体は債権そのものではありえないため、この有力説は、「譲渡対象債権の処分権」あるいは「債権者となる地位」が移転すると解している。しかし、およそ債権を発生させる契約すら締結されていない段階で、その債権の「処分権」や「債権者となる地位」を語ることが果たして可能なのかについては、なお疑問が残る。
> 　債権の移転時期をどのように解するかは、建物の賃貸から生じる賃料債権について将来債権譲渡担保が設定され、次いでその建物が別の第三者に売却された場合に、建物売却後に弁済期が到来する賃料債権を取得するのは譲渡担保権者か、それとも建物の譲受人か、などといった問題にも影響を及ぼしうる。

(b) 債権譲渡登記制度

実務においては、債権譲渡担保の設定後も467条2項所定の通知を行わないケースが多いといわれている。かつて債権譲渡は、譲渡人Aの信用状態が悪化した段階で、債権者BがAに対する債権を回収するための最終手段として用いられることが多かった。このような状況のもとで467条の通知を行うと、Aが債権譲渡をしたという事実がCに知られてしまうので、AはCから信用状態の悪化を疑われ、AC間の継続的な取引関係に支障が生じかねなかったのである。債権譲渡担保が新たな金融手法として脚光を浴びるようになった現在ですら、このような意識は根強く残っているとされる。しかし、だからといって通知をしないと、Bは譲渡担保権の第三者対抗要件を備えることができず、後から現れた他の譲渡担保権者に劣後してしまうおそれがある。

そこで、この問題に対処するため、動産債権譲渡特例法により設けられたのが債権譲渡登記制度である。これは設定者（譲渡人）が法人である場合にのみ利用できる。この登記制度は、債務者対抗要件と第三者対抗要件を切り離し、第三者対抗要件は登記によってCに知られずに具備することができるようにした点に特徴がある。もっとも、誰に弁済すべきかはCに明らかになっていなければならないので、Bが最終的に弁済を受けようとするときにはCに通知を行う必要がある（債務者対抗要件としての通知）。しかし、これはAの信用状態が悪化した後にはじめて必要になるにすぎず、Aの信用状態に問題がない段階では、第三者対抗要件のみを備えておけば足りる。このように、Cに知られないまま譲渡担保を設定し、第三者対抗要件を備えられるようにしたことで（実務ではこれを「サイレント方式」とよんでいる）、債権譲渡登記は広く利用されるようになっている。

なお、(3)で、債務者が不特定の状態でも将来債権譲渡担保は設定可能であることを述べたが、467条2項によって第三者対抗要件を具備するためには、当然のことながら通知の相手方となるべき債務者Cが決まっていなければならない。したがって、かりに民法上の対抗要件制度しかなければ、債務者不特定の将来債権譲渡担保について第三者対抗要件を具備することはおよそできないということになる。これに対し、債権譲渡登記では債務者名の記載は必須ではないので、債務者が特定していない将来債権の譲渡であっても登記によって第三

者対抗要件を備えることが可能であり、これもまた債権譲渡登記制度の大きなメリットとなっている。

2　相殺の担保的機能

(1)　相殺とは

相殺とは、2人の者が互いに同種の債権を有し債務を負担する場合に、これらの相対立する債権を金額の重なる範囲（対当額）でそれぞれ消滅させる意思表示である（505条）。たとえば、BがAに対して300万円の債権を有しており、他方でAもBに対して500万円の債権を有しているという場合に、Bが一方的な意思表示によってこれらの債権を相殺すれば、両債権は対当額（300万円）について消滅し、AのBに対する200万円の債権のみが残ることになる（→【図表4-8】）。この相殺を行うためには、後述のとおり、民法に定めるいくつかの要件を満たす必要がある。

なお、相殺の意思表示を行う者（B）が有する債権を自働債権、相手方（A）が有する債権を受働債権とよぶ。

(2)　相殺の担保的機能

相殺は、民法ではあくまで債権の消滅原因のひとつとして規定されているにすぎないが、現実の社会では担保としての機能をも果たしている。

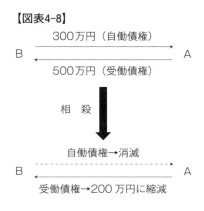

【図表4-8】

たとえば、【図表4-8】でAが無資力である場合には、BはAに対して負う500万円の債務を弁済しなければならない一方で、Aに対して有する300万円の債権の弁済は期待することができない。さらにAが破産してしまうと、BはAの他の債権者との競合関係に立たされ、債権額に応じて按分された配当しか受けられなくなる。しかし、ここでBが相殺を行うと、Bは自分がAに弁済すべき500万円のうち300万円を用いてただちにAから弁済を受けたのと経済的に同じことになり、対当

額については確実に自己の債権を回収することができる。これは実質的には、AのBに対する債権（受働債権）にBが担保権を設定して、そこから自分の債権（自働債権）の優先弁済を受けるのに等しい。そこで銀行実務などでは、この相殺の担保的機能を自覚的に利用した債権回収が実際に行われている。

(3) 相殺の要件

505条の定める相殺の要件は、①当事者間に債権が対立して存在すること、②両債権が同種の目的を有すること、③両債権の弁済期が到来していること、④債務の性質が相殺を許さないものでないことである。これらの要件を満たして相殺が可能となっている状態のことを相殺適状とよぶ。

このうちとくに重要なのは③の要件である。もっとも、受働債権に関しては、その弁済期が到来しているかは問題とならない。というのも、期限は債務者の利益のために定めたものと推定されるので（136条1項）、相殺を行おうとする者は、自らが負っている債務（受働債権）の期限の利益を放棄すれば足りるからである（同条2項）。これに対し、自働債権の弁済期が到来していないにもかかわらず相殺ができるとすると、相手方は期限前の弁済を強制されたのと同様の結果となるので、このような相殺は認められない。

ただし、次の(4)(b)でみるように、銀行などの金融機関は、貸付け先に信用状態の悪化を示す一定の事由が生じた場合には貸金債務（自働債権）の期限の利益が失われる旨の約定をあらかじめ結んでおき、これによって弁済期が到来した貸金債権と預金債務（受働債権）とを相殺することで債権回収ができるようにしている。

(4) 他の債権者による差押えとの関係
(a) 差押えと相殺

たとえば、B銀行がA社に貸金債権を有する一方で、AはBに対して預金債権を有しているとする。Bは、Aが貸金の返済をすることができなくなれば、この貸金債権と預金債務を相殺しようとするであろう。しかし他方で、Aの他の債権者であるCとしては、AのBに対する預金を差し押さえ、Bからこれを取り立てたり転付命令を受けたりして自らの債権を回収したいところである。

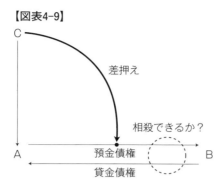

【図表4-9】

このように、Aの預金債権をめぐって、Bの相殺とCの差押えが競合することがよくある（→【図表4-9】）。

この場合、差押えを受けた債権の債務者（第三債務者）Bは、その後に取得した債権を自働債権とし、差し押さえられた債権を受働債権として相殺を行うことはできないが、差押え前に取得した債権を自働債権とする相殺ならばできる（511条1項）。

平成29（2017）年の債権法改正前の511条は、差押え前に取得した債権による相殺の可否について明文で規定していなかったため、自働債権を差押え前に取得していれば常に相殺を認めてよいかについて激しい議論があった。特に、差押えの時点で自働債権・受働債権とも弁済期が到来しておらず、かつ自働債権の弁済期が受働債権の弁済期に後れる場合にも相殺を認めるかについては、判例の変遷がみられた。当初、最高裁はこのような相殺を認めなかったが、後に判例を変更して相殺の担保的機能を尊重する立場に転じ、自働債権が差押え後に取得されたものでない限り、自働債権・受働債権の弁済期の先後を問わず相殺ができるとした（最大判昭和45・6・24民集24巻6号587頁）。平成29年改正後の511条1項は、この判例の立場を明文化したものである。

(b) 差押えと相殺予約

銀行の貸金契約では、借主Aが有する預金債権に対して差押命令が発せられた時点で、貸金債務の期限の利益が失われるとする条項（相殺予約）が含まれているのが通常である。かりにこのような条項が有効だとすると、Bは差押えがあっても常に相殺ができることになる。かつて最高裁は、このような相殺予

約の有効性を限定的に解していたが、昭和45年判決はこの点に関しても判例を変更し、相殺予約が契約自由の原則上有効であることは論をまたないとして、その効力を広く認めるに至った。

　もっとも、相殺予約の存在が外部に知られていないような場合には、これを第三者にも常に対抗することができるとすると、差押債権者が害されることがありうる。そこで学説においては、相対予約の第三者効が認められるのは、自働債権と受働債権が相互に密接な牽連関係にある場合や、相殺予約の存在が広く知られている場合などに限られるとする見解が有力になっている。

(5) 代理受領・振込指定

　実務では、建設業者AがBから資金の融資を受ける際に、Aが国・地方公共団体Cから請け負った公共工事の報酬をBが代わりに受領することとし、Cにこれを承認してもらうということが行われている。CのAに対する弁済をAに代わって受領したBは、これをAに引き渡す債務を負うが、Bはこの債務とAに対する貸金債権を相殺することによって、優先的に債権の回収を行うことができるのである。これが代理受領といわれる担保手法である。

　また、Bが銀行などの金融機関である場合には、CのAに対する債務の弁済方法を、BにあるA名義の預金口座への振込みに限定することとし、Cにこれを承諾してもらうということも行われている。これは振込指定とよばれる。Bは、Cからの振込みによって残高が増えたAの預金債権（Bから見ればAに対する預金債務）と、Aに対する貸金債権とを相殺することで、融資の優先的な回収を行うことができる。

　これらは、公共工事の請負報酬債権に譲渡や質入れを禁止する特約（譲渡禁止特約）が付されていることが通例だったために、債権譲渡担保によらずにAが資金調達を行う方法として編み出されたものだった。しかし、平成29年の債権法改正では、このような特約が付された債権も有効に譲渡できるようになったので（466条2項）、代理受領や振込指定が用いられる機会は今後減少することが予測される。

第 5 章
法定担保

　前章までは、当事者の約定によって成立する約定担保を取り上げてきた。これに対し、当事者の約定がなくとも、一定の要件を満たせば法律上当然に成立する担保物権もあり、これを法定担保という。民法には、法定担保として、優先弁済的効力をもつ先取特権と、留置的効力をもつ留置権とが規定されている。

I　先取特権

1　先取特権とは

(1)　先取特権の必要性
　先取特権は、ある種の債権につき法律上当然に優先弁済効を与えたものである（303条）。

　第1章でも取り上げた給料債権の先取特権の例を、ここでもう一度確認しておこう。A社は、B銀行から借りた3200万円と、未払となっているCら20名の従業員に対する2か月分の給料800万円の合計4000万円の債務を負っていたが、責任財産は1000万円しかない債務超過の状態に陥っていたとする。債権者平等の原則からすれば、各債権者は債権額の4分の1（すなわちBは800万円、Cらは200万円）を配当されることとなる。しかし、Bの貸金債権とCら従業員の給料債権を平等に扱うのは妥当とはいえない。銀行は、貸金債権を回収できなくともすぐには倒産しないだろうが、給料を4分の1しか払ってもらえないとなる

と、従業員や家族の生活はただちに脅かされてしまう。それに、銀行が貸付けをする際には抵当権の設定を求めるなど担保手段を講ずることもできるが、従業員が自己の給料債権を確保するため勤務先から担保権の設定を受けることなどできるはずもない。

　このように、債権者平等の原則の適用を斥け、特定の債権を保護・強化すべき局面において民法がとった手法が、当該債権を有する者に対して債務者の財産を支配する法定の担保物権を付与するというものであり、それが先取特権である。民法には15種の先取特権が規定されているが、ほかにも、国や地方公共団体が納税義務者に対して有する租税債権など、民法以外の特別法によって先取特権が認められる例は多い。社会の複雑化にともない、その数は増加の一途をたどっており、現在は100を超える先取特権が存在する。

(2)　先取特権が認められている理由

　先取特権として特別の保護が与えられている理由は、それぞれの債権で異なっている。①債権者間の実質的公平の確保、②社会的弱者を保護する社会政策的見地、③当事者が通常有するであろう期待の保護、④特定の産業の保護のうち、1つないし複数のものにより、各先取特権の趣旨が説明される。上でみた給料債権の先取特権については、弱者である労働者を保護するという②の趣旨から認められたものである。

2　先取特権の種類

　先取特権は、効力が及ぼされる目的物の相違によって、債務者の総財産を対象とする一般先取特権と、特定の物を対象とする特別先取特権とに分類され、後者はさらに、特定の動産を対象とする動産先取特権と、特定の不動産を対象とする不動産先取特権とに分けられる。以下、どのような債権について先取特権が認められるのかをみていこう。

(1)　一般先取特権

　一般先取特権となる債権には、次の4種のものがある。
　①共益の費用（306条1号・307条）　　たとえば、ある債権者が債権者代位権

（423条）や詐害行為取消権（424条）を行使したことで債務者の責任財産の保全が図られたことの恩恵は、すべての債権者が享受できるものとなる。他の債権者のためにもなっている以上、これに要した費用は、他の債権者に優先して弁済を受けさせるのが債権者間の公平にかなう。こうした趣旨から、各債権者の共同の利益のため、その債務者の財産の保存、清算、配当に関して支出された費用については、先取特権が認められている。

②雇用関係（306条2号・308条）　労働者にとって生活の基礎をなす給料等について、社会政策的な見地から他の一般債権に優先させたのが、雇用関係の先取特権である。被担保債権には、給料のほか、退職金や退職後の年金債権、身元保証人の有する身元保証金返還債権なども含まれる。なお、かつては被担保債権の範囲が給料のうち最後の6か月分に限定されていたが、平成15（2003）年の担保・執行法改正でこれが撤廃され、保護が強化された。

③葬式の費用（306条3号・309条）　多額の債務を抱えた者が死亡した場合に、葬式費用が回収できなくなるのをおそれて、どの葬儀屋も葬式を請け負ってくれず、葬式があげられなくなるのは問題である。そこで、社会政策的見地から、債務者自身あるいは債務者が扶養すべき親族の葬式のために喪主や葬儀屋が支出した費用のうち相応の額について、先取特権が成立するものとされている。

④日用品の供給（306条4号・310条）　生活に必要となる飲食料品や燃料、電気の供給により生じた債権について、直近の6か月分が先取特権となる。自身や家族らの生活に必要となる日用品について掛け売りでの購入をしやすくし、最低限の生活を保障しようという社会政策的見地によるものである。

(2)　動産先取特権

動産先取特権が成立する債権としては、次の8種のものがある。

①不動産賃貸（311条1号・312～316条）　不動産の賃貸人は、賃借人に対する賃料その他の賃貸借関係から生じた債権につき、賃借人の動産に先取特権を有する。建物の賃借人が賃料を滞納している場合、建物内にある家具類等からは他の債権者に優先して賃料債権の回収を図れるはずだという賃貸人の通常の期待を保護する趣旨による。

目的物となる動産は、土地賃貸借については、その土地またはその利用のための建物に備え付けられた動産、土地の利用に供された動産、賃借人が占有する土地の果実であり、建物賃貸借については、賃借人がその建物に備え付けた動産である（313条）。ここにいう建物に備え付けた動産につき、古い判例には、ある時間継続して存置するためその建物内に持ち込まれた動産をいうとして、金銭や有価証券、宝石などもこれに含まれるとしたものがあるが、学説は、建物の利用のために常置されている物（家具、営業用什器など）に限定されるべきものと解している。

　被担保債権としては、賃料債権のほか、賃借物について生じた損害賠償請求権なども含まれる。なお、賃借人が破産するなどして総財産の清算がされる場合には、被担保債権は一定範囲に限定される（315条）。また、賃貸人が敷金を受け取っている場合には、敷金で弁済を受けられない債権の部分についてのみ先取特権を有する（316条）。

　②旅館宿泊（311条2号・317条）・③運輸（311条3号・318条）　旅館の宿泊料や飲食料については、その旅館にある宿泊客の手荷物に、また、旅客や荷物の運送費等については、運送人の占有する荷物に、それぞれ先取特権が成立する。自らの支配領域にある動産から優先弁済を受けられることへの債権者の期待を保護するために認められたものである。

　なお、以上①②③の先取特権については即時取得の規定の準用があり、債務者以外の財産についても先取特権が成立することがある（319条）。

　④動産保存（311条4号・320条）　動産の保存のために要した費用（修理代金など）や、動産に関する権利の保存・承認・実行のために要した費用（盗まれた動産の返還や権利帰属をめぐる裁判に要した費用など）については、当該動産に先取特権が成立する。当該動産の価値を維持することは他の一般債権者にとっても利益となるため、債権者間の実質的公平を確保する見地から認められたものである。

　⑤動産売買（311条5号・321条）　動産の売主は、その代金および利息につき当該動産に先取特権が認められる。売主がその動産を供給したことにより買主の一般財産が増加した以上、売主が他の債権者に優先してその代金の回収を受けられるとすることが債権者間での公平にかなう、という趣旨による。売主

としては、売買代金債権を確保するために、同時履行の抗弁権により代金支払まで目的物の引渡しを拒むこともできる。しかし、実際には売主が先履行義務を負っていて代金の支払を受ける前に引渡しがされることも多く、このように同時履行の抗弁権を主張できないときは、動産売買先取特権が重要な役割を担うこととなる。

⑥種苗肥料供給（311条6号・322条）　種苗や肥料の売主は、その代金や利息について、それを用いた後1年以内にその土地から生じた果実に先取特権を認められる。米や麦、あるいは養蚕によって生じた繭や生糸などの果実は、種苗や肥料の供給によって収穫できたものといえるから、供給者に優先弁済権を与えるのが債権者間の公平にかなうと考えられたことによる。また、種苗や肥料の供給を受けやすくすることで農業振興を図るという社会政策的な意味ももっている。

⑦農業労務（311条7号・323条）・⑧工業労務（311条8号・324条）　農業の労務に従事する者は最後の1年分の賃金につき、また工業の労務に従事する者は最後の3か月分の賃金につき、その労務によって生じた果実・製作物に先取特権を有する。財産の増加に寄与した労務者に優先権を認めるのが債権者間の公平にかなうこと、また、労務者の生活を保障するという社会政策的見地からその趣旨が説明される。

(3) 不動産先取特権

不動産先取特権には、次の3つのものがある。

①不動産保存（325条1号・326条）　不動産の保存のために要した費用、または不動産に関する権利の保存・承認・実行のために要した費用については、当該不動産に先取特権が成立する。これは動産保存の先取特権と同趣旨のものである。その効力を保存するためには、保存行為の完了後、ただちに登記をしなければならない（337条）。

②不動産工事（325条2号・327条）　土地の造成や建物の新築、増改築といった不動産工事の設計・施工・監理をする者は、その工事費用につき、当該不動産に先取特権が認められる。不動産の価格の増加に寄与した者に優先権を認めるのが債権者間の公平にかなう、という趣旨によるものである。この先取特

権は、工事によって生じた不動産価格の増加が現存する場合に限り、その増加額についてのみ認められる。また、その効力を保存するためには、工事開始前にその費用の予算額を登記しなければならず、登記した予算額を工事費用が超過したときは、その超過分の先取特権は認められない（338条1項）。

③不動産売買（325条3号・328条）　不動産が売買されたとき、売主はその代価およびその利息につき、当該不動産に先取特権を有する。趣旨は動産売買の先取特権と同様である。その効力を保存するためには、売買契約と同時に、代価または利息の弁済がない旨を登記しなければならない（340条）。

3　先取特権の効力

(1)　優先弁済効とその実現

先取特権は、他の債権者に先立って自己の債権の弁済を受けられるという優先弁済効をもつ（303条）。先取特権者は、自ら先取特権を実行することや、他の債権者や担保権者の開始した競売手続のなかで配当要求をすることにより、優先弁済を受けることができる。

(a)　特別先取特権の実行

動産先取特権の実行は、動産質権と同様、動産競売（民執190条）の方法による。また、不動産先取特権の実行は、抵当権と同様、担保不動産競売か担保不動産収益執行（民執180条）の方法による。

> **動産競売手続の開始**
> 　動産競売手続の開始は、①当該動産を執行官に提出すること（民執190条1項1号）、②当該動産の占有者が差押えを承諾することを証する文書を提出すること（同条1項2号）、③先取特権者が先取特権の存在を証する文書を執行裁判所に提出し動産競売開始許可決定を得て、執行官に決定書の謄本を提出すること（同条1項3号・2項）のいずれかによる。従前からあった①②のみでは動産を占有していない先取特権者が動産競売を開始することが非常に困難であったため、平成15（2003）年の担保・執行法改正により、③が新設された。

(b) 一般先取特権の実行

　一般先取特権は債務者の総財産を対象とするものであるが、総財産を一体として実行できるわけではなく、個別の財産につきそれぞれに実行手続をとり、配当を受けることになる。すなわち、債務者の動産につき実行するときは動産先取特権と、不動産につき実行するときは不動産先取特権と同様の手続となる。また、債権その他の財産権に対して実行をすることもできる（民執193条1項前段）。

　ところで、一般先取特権については、債務者の財産のうち、どれから先に実行をすべきかの順序が決められている。一般先取特権者は、まず不動産以外の財産から弁済を受けなければならず、なお不足がある場合にのみ不動産から弁済を受けられる（335条1項）。債務者にとって重要な財産である不動産を、少額の債権を回収するために競売されてしまうことをなるべく回避させようとの趣旨である。また、不動産から弁済を受ける場合も、特別担保（抵当権、不動産質権、不動産先取特権）が存在しない不動産から弁済を受けなければならない（335条2項）。一般先取特権者は他の財産にも優先権をもつのだから、その不動産にしか優先権をもたない担保権者をなるべく保護しようとしたものである。

(2) 先取特権相互間の優先順位

　先取特権相互間の優先順位は、次のように法定されている。

　①一般先取特権相互間での優先順は、306条各号の順序に従う（329条1項）。

　②特別先取特権は一般先取特権に優先する。ただし、共益費用の先取特権は、その利益を受けた総債権者に対して優先する効力をもつ（329条2項）。

　③動産先取特権は、【図表5-1】のようにグループ分けがされ、優先順位が定められている（330条1項）。ただし、第1順位の先取特権は、債権者の期待の

【図表5-1】　動産先取特権の順位（330条1項）

		同順位	
第1順位	不動産賃貸、旅館宿泊、運輸の先取特権	＝	動産質権
第2順位	動産保存の先取特権（複数人の間では後の保存者が優先）		（334条）
第3順位	動産売買、種苗肥料供給、農工業労務の先取特権		

保護という趣旨によるものであることから、後順位の先取特権の存在を知っていた場合には優先権を行使できないとされている（同条2項前段）。また、第1順位の先取特権者が動産保存により利益を得ている場合には、保存者には優先権を行使できない（同項後段）。

④不動産先取特権相互間の優先順は、325条各号の順序に従う（331条1項）。

⑤同一順位の先取特権が複数あるときは、債権額の割合に応じて弁済を受ける（332条）。

(3) 他の権利との関係

先取特権者と他の権利者との関係は、次のとおりである（→【図表5-2】）。

①第三取得者との関係　動産を目的物とする先取特権は、債務者がその動産を第三取得者に引き渡した後は、その動産につき行使することができない（333条）。動産上の先取特権は公示されないから、追及効を制限することで取引の安全を図る必要があるためである。なお、ここにいう引渡しには占有改定

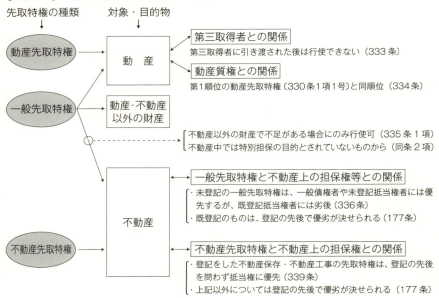

【図表5-2】　先取特権と他の権利との関係

も含まれる。

②動産質権との関係　先取特権と動産質権とが競合する場合は、動産質権は、第1順位の動産先取特権（330条）と同順位として扱われる（334条）。

③不動産上の先取特権と他の権利との関係　不動産上で先取特権と他の権利とが競合する場合は、登記の先後により優劣が決せられるのが原則である（177条）。ただし、一般先取特権が不動産上で他の権利と競合する場合においては、一般先取特権が未登記であっても、一般債権者や未登記の抵当権者等には優先する（336条）。

また、不動産保存・不動産工事の先取特権については、337条・338条に定められた方法により登記がされた場合には、登記の前後を問わず抵当権に優先する（339条）。たとえば、500万円の価額の抵当不動産が、300万円分の工事を施されて800万円になった場合、増価した300万円分は工事を施した者が優先すべきであって、当初の500万円を超えて抵当権者に優先権を認める必要はない。これが339条の趣旨である。

④譲渡担保と動産先取特権の関係　さきに第4章Ⅳ3(3)では、流動動産譲渡担保と所有権留保とが競合する場合について取り上げたが（→153頁）、同じような状況で所有権留保の特約がなかったときには、動産売買先取特権と譲渡担保との競合の問題が生じる（→154頁の【図表4-7】における「留保所有権」が「動産売買先取特権」に置き換わる形となる）。判例は、所有権留保については譲渡担保に優先するものとしたが、動産売買先取特権ではどうか。

判例は、この場合の譲渡担保権者を333条にいう第三取得者に該当するものとし、また譲渡担保権設定時に集合物につき占有改定による引渡しも了していたとみて、先取特権者のした動産競売手続につき、譲渡担保権者は訴えをもって不許を求めることができるとした（最判昭和62・11・10民集41巻8号1559頁）。学説では、譲渡担保権者を優先させるという結論は判例と同じだが、譲渡担保の実質が担保である以上は動産質権と先取特権の優劣を定める334条の類推適用によるべきとする見解が有力である。他方で、動産売主の保護の必要性をふまえ、先取特権の即時取得に関する319条を拡張して適用する、あるいは、集合物を目的物とする譲渡担保の効力は個々の動産には及ばない等として、先取特権者を優先させる見解もある。

> **不動産工事先取特権のかかえる問題**
> 　建築請負契約では、請負人のほうが顧客である注文者よりも立場が弱いのが通例であり、請負人が代金債権のための約定担保権の設定を注文者に求めがたいからこそ、法定担保である不動産工事先取特権が必要だともいえる。ただ、ここで問題なのは、不動産工事の先取特権は、抵当権にも優先する力をもつ関係上、工事開始前の登記が求められていることである。上述のような両当事者の力関係からすれば、「代金が不払となる事態に備えたいから先取特権の登記に協力してほしい」などと、工事開始前の段階で請負人が注文者に言い出せるはずもない。結局、必要性・需要は高いにもかかわらず、不動産工事先取特権は現在ほとんど利用されない状態となっている。問題解決のため、工事完成後、代金不払となっている時点でも登記を認める等の立法論が主張されている。

(4)　物上代位

　先取特権についても、抵当権と同様、物上代位が認められている（304条1項本文）。

　①物上代位の対象　　物上代位の対象となるのは、目的物の売却、賃貸、滅失、損傷によって債務者が受けるべき金銭等である。このなかの売却と関連して、請負代金債権につき先取特権者が物上代位権を行使できるかが問題となる。たとえば、自社工場への機械の据付工事をCから請け負ったBが、Aから機械を購入して同工事をした場合、BがCに請求する請負代金には、AがBに売却した機械の売買代金も含まれているはずである。そうであるなら、BがCに対して有する請負代金債権にも、動産売買先取特権に基づくAの物上代位を認めてよい、とも解しうる。

　判例は、請負代金には当該動産の代金だけでなく、仕事の完成のために用いられた材料や労力等の対価も包含されている以上、原則として請負代金債権に対する物上代位は認められないものの、請負代金全体に占める当該動産の価額の割合や請負人の債務の内容等に照らし、請負代金債権の全部または一部を動産の転売による代金債権と同視しうる特段の事情がある場合は、その部分の請

負代金債権に対して物上代位ができるとしている（最決平成10・12・18民集52巻9号2024頁）。

②「差押え」要件　物上代位権を行使するためには、払渡しまたは引渡し前に代位物に対して差押えをしなければならない（304条1項ただし書）。この差押えがどのような意味をもつのか、そして、代位物について利害関係をもつ者（差押債権者、譲受人など）との関係がどうなるのかは、抵当権と同様、先取特権でも問題となる。

抵当権に基づく物上代位において説明をしたとおり（→44頁以下）、先取特権者の物上代位権行使についての判例は、差押えの意義を、特定性維持のほか、優先権を保全するためのものでもあるという立場を採っているものと解されていた。すなわち、物上代位の対象となる債権について差押えがあっただけの場合は、先取特権者は、その後に差押えをするのでも物上代位が認められるが、債権譲渡がされた場合には物上代位は認められない（最判昭和59・2・2民集38巻3号431頁）等としていた。

ところがその後、判例は、抵当権者の物上代位権行使における差押えの意義が、第三債務者の保護にあるとの新たな理解を示し、債権譲渡後の差押えでも物上代位ができるとした（最判平成10・1・30民集52巻1号1頁→52頁）。では、この判例の理解は、先取特権者の物上代位にも及ぼされることになったのか。この点、この後に現れた判例は、公示方法が存在しない動産売買先取特権においては、目的債権の譲受人等の第三者の利益を保護する趣旨が差押えに含まれているとして、債権譲渡後に差押えをするのでは物上代位権の行使はできないとした（最判平成17・2・22民集59巻2号314頁）。すなわち、判例は、抵当権に基づく物上代位につき、差押えの意義を第三債務者保護に求め、登記をもって対抗力が得られるとしたものの、動産先取特権に基づく物上代位については、差押えにより対抗力が得られるとする従前の判例の立場を維持しているとみることができる（→【図表5-4】）。

【図表5-4】 物上代位と債権譲渡の優劣

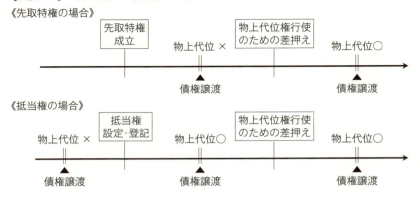

II 留置権

1 留置権とは

(1) 留置権の意義

第1章で示した事例をもう一度みてみよう（→3頁）。かりにいま、大学生Ａのノートパソコンが故障してしまったとする。Ａは、修理業者Ｂに故障したパソコンを持ち込み、修理を依頼するだろう。数日後、Ｂから修理が終わったとの連絡を受けたが、Ａはアルバイトの給料日前で、いま手元にお金がない。このときＡは、「修理代金は後で支払うので先にパソコンを引き渡してほしい」とＢに要求することができるだろうか。

たしかに、このパソコンはＡのものであり、Ａは所有権に基づいてパソコンの返還を請求することができそうである。しかしＢとすれば、いったんパソコンを返してしまうと、あとでＡから本当に修理代金の支払を受けられるか不確実な立場に置かれてしまう。そこで、この場合にＢは、Ａが修理代金を支払うまでパソコンを自分の手元に留め置き（＝留置し）、Ａからの引渡請求を拒むことができるとされている。このように、他人の物の占有者がその物に関して生じた債権を有するときに、その債権の弁済を受けるまでその物を留置することができる権利が留置権である（295条）。Ａとしては、早くパソコンを返しても

らわないと勉強に差し障るので、修理代金を急いで支払おうとするだろう。このように、Bは留置権によって間接的に債権の弁済を促すことができるのである。

(2) 留置権の趣旨・性質

留置権は、先取特権と同じく法定担保物権であり、要件が備わっていれば当事者の約定がなくても成立する。その根拠は当事者間の公平に求められる。(1)の例でいうと、Bに引渡しを拒絶する権利を与え、修理代金の支払とパソコンの引渡しが同時に行われるようにしたほうが、修理を依頼したAと修理業者Bの双方にとって公平だからである。

ただし、担保物権であるといっても、留置権は他の担保物権とは性質がかなり異なる。まず、留置権には優先弁済的効力がなく、留置した物を競売にかけてそこから被担保債権を回収するということはできない（ただし、3(3)でみるように、事実上は優先弁済を受けられる場合がある）。担保物権の通有性とされる物上代位性も、それが優先弁済的効力を前提とするものである以上、留置権には認められない（その他の通有性である付従性・随伴性・不可分性は留置権にも備わっている）。また、原則として収益的効力もないので、3(2)・4(1)でみる例外を除いて目的物を使用・収益することも認められない。つまり、留置権は留置的効力のみを有する担保物権であり、目的物の返還を望む債務者の心理に働きかけて任意の弁済を促す効力しかないのである。

(3) 同時履行の抗弁権との関係

留置権と同様に、一方当事者に拒絶権を与えることによって当事者間の公平を図る制度としては、ほかに同時履行の抗弁権（533条）がある。しかし、両者には次のような違いがある。①同時履行の抗弁権は双務契約上の対立する債務間で生じるのに対して、留置権は物に関して債権が生じた場合に発生する。②同時履行の抗弁権によって履行を拒絶しうる債務の内容にはとくに限定はないが、留置権は物の引渡しを拒絶しうるだけである。③同時履行の抗弁権は双務契約の当事者間でのみ行使しうるのに対し、留置権は物権の一種なので、ひとたび成立すればその効力を誰に対しても主張することができる。したがって、

留置権が成立した後に物の所有権が移転しても、留置権者は新所有者に対して引き続き留置権を主張し、引渡請求を拒むことができる（→【図表5-5】）。

このように、2つの制度は別個のものだが、(1)の例では、修理を依頼したAと修理業者Bとの間で請負契約が結ばれていると考えられるので、Bは同時履行の抗弁権を行使することによってもAからの引渡請求を拒むことができそうである。そこで、留置権と同時履行の抗弁権との関係をどのように解すべきかが問題となる。

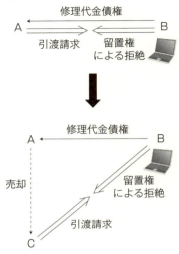

【図表5-5】

学説のなかには、双務契約関係にある当事者間では同時履行の抗弁権のみが行使可能であり、留置権は同時履行の抗弁権が生じない場合に限って行使しうるとする見解もある。しかし、双務契約関係にある当事者間でも所有権に基づく返還請求がされることはありうるが、その場合に相手方は同時履行の抗弁権によっては引渡しを拒むことができない。そこで通説は、留置権と同時履行の抗弁権のいずれの要件も満たすかぎり、そのどちらを行使してもよいと解している。

商事留置権

本書では民法に規定された留置権（民事留置権）を中心に説明していくが、実は商法にも特別の留置権に関する規定がいくつか設けられている。これらは民事留置権とは別の沿革を有しており、その要件・効果も民事留置権と若干異なっている。ここでは、商人間の留置権（商事留置権）について簡単に説明しておく。

商事留置権は、商人間の商行為によって生じた債権の弁済を促すため、債権者が債務者との商行為によって占有するに至った債務者の物を留置することができるというものである（商521条）。この制度は、継続的な取引関係にある商人間では自己の占有する相手方の物を担保として期待するのが通常であること

から、この期待を保護することによって迅速・円滑な商取引を促進するという趣旨に出たものである。商事留置権は、①民事留置権では成立要件とされる債権と物との牽連関係（2⑵参照）が要求されない、②目的物が債務者の所有物に限定される、③債務者に破産手続が開始しても失効せず特別の先取特権とみなされる、などの点で違いがある。なお、商事留置権と抵当権の優劣関係については議論がある（→187-188頁「土地についての商事留置権と抵当権の競合」）。

2　留置権の成立要件

民法上の留置権の成立要件は、①「他人の物」を占有していること、②「その物に関して生じた債権」を有すること（債権と物との牽連関係）、③その債権が弁済期にあること、④占有が不法行為によって始まったものでないこと、の4つである（295条）。このうち①～③は、留置権の成立をいう者が主張立証しなければならないが、④については、留置権の不成立をいう者が「占有が不法行為によって始まったものであること」を主張立証しなければならない。以下では、これらの要件をひとつずつみていこう。

(1)　他人の物の占有

留置権の目的物（留置物という）について、295条1項は「他人の物」としか規定していない。これは動産・不動産のいずれでもよいと解されているが、債務者以外の者が所有する物であってもよいかは議論がある。たとえば、1⑴の例を少し変えて、Aは友人Cから借りていたノートパソコンを修理に出したとする。この場合、Bが修理契約を結んだ相手方はAだから、Bが修理代金債権を有するのは

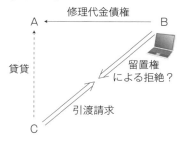

【図表5-6】

Aに対してである。しかし、そうであってもBはCのパソコンを留置し、Aが修理代金を支払うまでCに引き渡さないということができるか、というのがここでの問題である（→【図表5-6】）。なお、これは、「ひとたび成立した留置

権を第三者（留置物の譲受人）にも主張することができるか」という問題（1(3)参照）とは異なる。両者を混同しないように注意してほしい。

否定説もあるものの、判例・通説はこの場合にも留置権の成立を肯定する。商事留置権では「債務者の所有する物」であることが商法521条で要求されているのに対し（→179頁）、民事留置権ではそのような制限が条文上見られないことがその理由である。ただし次の(2)(c)でみるように、債権と物との牽連関係がないとされて留置権の成立が否定されることはありうる。

留置権者の「占有」は現実の占有である必要はなく、間接占有（占有代理人による占有）でもよいと解されている。たとえば、建物の賃借人が自費で修繕を行った後にその建物を転貸した場合、賃借人は転借人を占有代理人として建物を間接占有しているので、必要費償還請求権（608条1項）を被担保債権とする留置権を行使しうる。

(2) 債権と物との牽連関係

留置権の被担保債権は、「その物に関して生じた債権」でなければならない（295条1項）。これが債権と物との牽連関係といわれる要件であるが、どのような場合にこの牽連関係を認めるべきかについては議論が錯綜しており、相当な難問となっている。学説は伝統的に、①債権が物自体から生じた場合、②債権が物の引渡請求権と同一の法律関係・生活関係から生じた場合、のいずれかに該当すれば牽連関係を肯定しうるとしているので、以下ではまずそれぞれの内容をみておこう。ただし、1(1)でみた修理代金債権とパソコンとの関係など、①②のいずれにも当てはまる場合もあり、この2類型は厳格に区分されるものではないことに注意が必要である。

(a) 債権が物自体から生じた場合

たとえば、他人の物の占有者や賃借人がその物に支出した必要費・有益費の償還請求権（196条・608条）や、1(1)のような修理代金債権、さらには受寄者が寄託物の瑕疵によって被った損害の賠償請求権（661条）などがこれに当たるとされる。

(b) 債権が物の引渡請求権と同一の法律関係・生活関係から生じた場合

債権が物の引渡請求権と同一の法律関係から生じたとされる例としては、1

(1)のケースが挙げられるだろう。このケースでは、パソコンの修理代金債権とパソコンの引渡請求権が請負契約という同一の法律関係から生じており、牽連関係が認められる。そのほか、売買契約から生じた代金債権と目的物引渡請求権などについても同様に解することができるだろう。なお、この類型では同時履行の抗弁権もあわせて主張できる場合が多く、これと留置権との関係が問題となる（→178頁）。

債権が物の引渡請求権と同一の生活関係から生じたとされる例としては、AとBが互いに傘を取り違えて持って帰ってしまった場合などがよく挙げられる。この場合、双方の傘の返還請求権は同一の生活関係から生じたものなので牽連関係が認められるという。ただし、実際にこの類型が問題となることはほとんどないであろう。

(c) 債務者と物の所有者が異なる場合の牽連関係の有無

上記の類型に該当すると思われるのに、牽連関係を否定した判例もある。それはごく単純化すると次のような事例である（→【図表5-7】）。Aは、所有する建物をBに売却して引き渡したが、所有権移転登記をしないうちにこれを重ねてCにも売却し、Cには所有権移転登記がされた。CがBに建物の明渡しを請求したのに対し、Bは、二重譲渡によってAのBに対する所有権移転

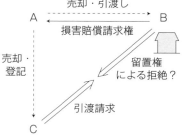

【図表5-7】

義務は履行不能となったから、代わってBはAに対する損害賠償請求権を取得したとして、これを被担保債権とする留置権を主張した。しかし最高裁は、この損害賠償請求権は物自体を目的とする債権がその態様を変じたものであり、その物に関して生じた債権とはいえないという理由で、留置権の成立を否定した（最判昭和43・11・21民集22巻12号2765頁）。

かりにこのような事例で留置権を認めてしまうと、二重譲渡の売主Aは多くの場合に無資力だから、結局Cは損害賠償債務を第三者弁済しないと建物の占有を得ることはできないだろう。だがこれは、不動産の二重譲渡の場合における優劣は登記の先後で決するという177条のルールに実質的に抵触しかねない。

したがって、留置権は成立しないとした判例の結論は妥当である。しかし、BのAに対する損害賠償請求権とCのBに対する建物明渡請求権とは、AからCへの売却・所有権移転登記という同一の法律関係から生じていることは否定できないようにも思われる。そこで判例は、BのAに対する損害賠償請求権は「物自体を目的とする債権」の変形であって、「物に関して生じた債権」ではないとしたのであろうが、これはあまり説得力がある論理とはいいがたい。

　ここでは、学説上有力な見解に従い、次のように考えるべきであろう。そもそも留置権は、物の引渡しを拒絶することによって債務の弁済を間接的に促す制度なのだから、債務者が債権者に対してその物の引渡請求権を有していることが前提とされなければならない。たとえば、ある物がB→A→Cと転売されたが、占有は依然としてBのもとにあり、他方でAがBに代金をまだ支払っていないというケースでは、AはBに対して売買契約に基づく目的物引渡請求権を有している。Aはこの引渡請求権を行使したうえでさらにCに引き渡さなければならないので、Bが目的物を留置することにより、Aに代金債務の弁済を促すことが期待できる。したがってこのケースでは、債権と物との牽連関係が肯定されてよい。同様に、(1)で示した【図表5-6】の例でも、修理代金債権の債務者であるAは、Bとの請負契約に基づいて仕事の目的物（修理が完了したパソコン）の引渡しを求め、そのうえでCにパソコンを返さなければならない。この場合も、Bがパソコンを留置することでAの弁済を促すことが期待できるため、留置権の成立が認められるのである。

　ところが、【図表5-7】の事例では、被担保債権であると主張された損害賠償請求権の債務者Aは、Bに対して建物の引渡請求権を有していない。むしろ逆に、売主であるAはBに対して建物の引渡債務を負っていたのである。この場合には、いくらBが建物を留置してもAに損害賠償債務の弁済を促す効果はないので、留置権の成立は否定されるべきである。判例にも、他人物売買のケースで、この根拠によって留置権を否定したものがある（最判昭和51・6・17民集30巻6号616頁）。これは、他人物の売主は買主に対して目的物の引渡請求権を有しないので、買主の売主に対する損害賠償請求権には、留置権を成立させるために必要な目的物との牽連関係がないとしたものである。

(3) 債権の弁済期の到来

　被担保債権の弁済期が到来していなければ、留置権は成立しない（295条1項ただし書）。留置権の成立を認めると、弁済期が到来していない債務の弁済を強いることになるからである。したがって、有益費償還請求権について相当の期限が許与されると（196条2項ただし書・608条2項ただし書など）、被担保債権の弁済期は未到来となるから留置権は成立しない。この場合、有益費償還請求権の債権者は、占有している物をひとまず債務者（所有者）に返還したうえで、弁済期の到来を待って債務者に有益費の償還を求めるしかない。

(4) 占有が不法行為によって始まったものでないこと

　上記の3つの要件を満たしていても、占有が不法行為によって始まったものである場合には、留置権は成立しない（295条2項）。たとえば、自転車を盗んだ者が勝手にその自転車を修理しても、必要費償還請求権（196条1項）を被担保債権とする留置権は成立せず、所有者からの返還請求を拒むことはできない。留置権の根拠が当事者間の公平に求められる以上、これは当然のことといえるだろう。

　この要件と関連して、当初は適法に占有していたが途中で占有権原を失った者が、無権原となった後に占有物に関して債権を取得した場合に、これを被担保債権とする留置権が成立するか、という問題がある。たとえば建物の賃借人が、賃貸借契約を解除された後も退去せず、さらには建物の有益費を支出した場合に、この元賃借人は元賃貸人に対する有益費償還請求権を被担保債権として建物を留置できるだろうか。これを認めるとすると、賃貸借終了によって占有権原を失った者も、そこに居座ったまま勝手に費用を支出すれば適法に明渡しを拒めることになるが、それは妥当ではない。そこで判例は、債権を取得した時点で占有権原をすでに喪失していることについて債権者が善意・無過失でないかぎり、295条2項が類推適用され、留置権は成立しないとしている（前掲最判昭和51・6・17）。もっとも、学説のなかには、債権者が占有権原の喪失について悪意であれば裁判所の期限許与（196条2項ただし書）によって留置権の成立が否定されうるとしても、過失があるにとどまる場合にはやはり留置権の成立を認めるべきであると主張する見解もある。

第5章　法定担保

3　留置権の効力

(1)　留置的効力
(a)　引換給付判決

　留置権の中心的効力は、その名のとおり留置的効力にある。つまり、留置権者は、債務者が被担保債権を弁済するまで目的物を留置し、弁済を間接的に促すことができる（295条1項）。このように、留置権者には物の引渡しを拒絶する正当な権利があるので、債務者が被担保債権を弁済しないまま留置物の引渡しを求めて提訴した場合には、この請求は棄却されるとも思われる。しかし裁判実務では、同時履行の抗弁権と同様に、この場合も引換給付判決になるとされている。1(1)の例だと、AがBに引渡請求訴訟を提起した場合には、「被告Bは、原告Aから修理代金の支払を受けるのと引換えに、ノートパソコンをAに引き渡せ」という判決がされることになる。

(b)　留置権の及ぶ物的範囲

　担保物権の通有性である不可分性は留置権にも備わっており、被担保債権全額の弁済があるまでは、留置物の全部について留置権の効力が及ぶ（296条）。したがって、留置権者が被担保債権の一部弁済を受けても、弁済された割合に応じて留置物を返還する必要はない。また、留置物の一部を債務者に返還しても、残りの部分が被担保債権全額を担保するので、留置権者は全額の弁済を受けるまで残部を留置することができる。

　民事留置権は被担保債権と牽連関係を有する物について生じるものだから、債務者の物をたまたま債権者が占有していたとしても、その物が被担保債権と無関係であればこれを留置することは認められない（商事留置権については→179頁）。この点に関連して、借地借家法上の建物買取請求権や造作買取請求権が行使された場合の留置権の及ぶ範囲が議論されている。

　建物買取請求権とは、借地権者（建物所有目的で土地を賃借した者など）が、借地権の存続期間の満了に際して、建物を借地権設定者（賃貸人など）に買い取らせることができる権利である（借地借家13条。同14条も参照）。この権利が行使されると、借地権者と借地権設定者との間で建物の売買契約が成立したのと同様の効果が生じるので、建物の所有権は借地権設定者に移転し、この建物は借

地権者にとって「他人の物」になる。そして、建物買取代金債権と建物との間に牽連関係があることは明らかなので、借地権者はこの代金の支払を受けるまで建物を留置することができる。問題は、この建物の敷地もあわせて留置することができるかである。たしかに、建物の買取代金債権と敷地との間には牽連関係があるとはいえないが、さりとて敷地を占有することなく建物のみを留置することは不可能である。そこで判例も、敷地自体には留置権は成立しないことを前提としつつ、借地権者が建物を留置しうることの反射的効果として敷地の占有を継続することも認めている。ただし、借地権の存続期間が満了している以上、借地権者は、留置している期間の土地の賃料相当額を不当利得として借地権設定者に返還しなければならない。

　同様の問題は造作買取請求権についても生じうる。造作買取請求権とは、建物の賃借人が、賃貸人の同意を得て建物に付加していた造作（畳、建具など）を、賃貸借の終了の際に賃貸人に買い取らせることができるという権利である（借地借家33条）。ここでも、権利行使によって造作の売買契約が成立したのと同様の効果が生じるので、賃借人は代金支払まで造作を留置することはできる。しかし判例は、建物買取請求権で敷地の占有継続を認めたのと対照的に、この場合には建物の占有継続を認めない。したがって賃借人は、造作を建物から分離してこれを留置することはできるものの、建物からは退去しなければならないことになる。これに対して学説では、①賃貸人はもともと積極的に造作を買いたいわけではないから、これでは造作買取代金の弁済が促されない、②造作によって増加した建物価値の維持を図るという制度趣旨に反する、③有益費償還請求権（608条2項）を被担保債権とする建物の留置権が認められていることと均衡を失する、などの理由により、判例に反対して賃借人に建物の占有継続を認める見解が多数である。

(2)　収益的効力

　1(2)でも述べたとおり、留置権には原則として収益的効力はない。ただしその例外として、留置権者は留置物から生じる果実を収取し、被担保債権の弁済に充当することができる（297条）。果実は通常は少額であることから、わざわざこれを留置物の所有者へ返還させる煩わしさを避け、簡易な処理を認めたも

のである。なお、ここでいう果実には、天然果実のほかに法定果実（賃料など）も含まれるが、留置物を賃貸するには債務者（所有者）の承諾がなければならない（298条2項）。

そのほか、債務者（所有者）の承諾が得られるのであれば、留置権者は自ら留置物を使用することもできる（同項参照）。これについては次の4でも取り上げる。

(3) 優先弁済的効力

留置権は、他の典型担保物権と異なって優先弁済的効力も有しないとされる。条文をみても、303条・342条・369条と異なり、295条には「他の債権者に先立って自己の債権の弁済を受ける権利を有する」という文言がない。しかし次にみるように、留置権者は結果として他の債権者に先立って弁済を受けられることがある。このため、しばしば「留置権には事実上の優先弁済的効力がある」ともいわれる。

(a) 留置物が動産である場合

債務者以外の者が占有する動産については、その占有者が執行官に当該動産を任意に提出しないかぎり、動産競売を行うことができない（民執124条・190条→170頁）。したがって、他の債権者が留置物を競売しようとしても、留置権者は、被担保債権が弁済されるまで執行官への引渡しを拒み、これを阻止することができる。他の債権者が留置物を競売したければ、あらかじめ被担保債権を弁済してその物の引渡しを受けておかなければならない。

(b) 留置物が不動産である場合

留置物が不動産であれば、動産と異なり、留置権者が目的物を留置していても他の債権者が競売手続を行うことはできる。しかし、この競売手続において留置権は買受人の引受けになるので（引受主義→64頁）、買受人は留置権の被担保債権を弁済しないかぎり、競売により取得した不動産の引渡しを受けることができない。そうすると買受申出人としては、あらかじめ留置権者に支払うべき額を控除して買受申出をすることになるので、抵当権者や一般債権者への配当原資となる売却代金はその分下がる。また、そもそも留置権の負担付きでは買受申出人が現れにくいので、抵当権者が競売を申し立てるのに先立って、あ

らかじめ留置権の被担保債権を第三者弁済し、不動産の引渡しを受けておくことも少なくない。このようにして、留置権者はこれらの競合債権者に優先して被担保債権を回収できる結果となるのである。

(c) 留置権者による形式競売

留置権者は、留置にともなう手間・コストなどの負担から免れるため、留置物の競売を行うことができる（民執195条）。これは優先弁済を受けるための競売とは区別して形式競売とよばれる。留置権者はこの換価金から配当を受けることはできないが、引き続きこれを留置することはできると解されており、債務者と留置物の所有者が同一人であれば、換価金返還債務と被担保債権を相殺して事実上の優先弁済を受けることができる。

土地についての商事留置権と抵当権の競合

Aが所有する更地にB銀行のために抵当権が設定された後、この更地上にAを注文者、Cを請負人として建物が建築されたとする。AがCに請負報酬を支払わない場合、Cはこの土地について留置権を主張し、Bが申し立てた土地の担保不動産競売手続において事実上の優先弁済を受けることができるだろうか（→【図表5-8】）。

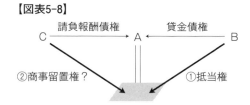

【図表5-8】

ここでの問題は、建物ではなく土地についての留置権の成否であるが、請負報酬債権は土地との間に牽連関係があるとはいえず、民事留置権の成立は認めがたい。そこで可能性があるのは、牽連関係の要件がない商事留置権（商521条）ということになる（→179頁）。

さて、商法521条の文言上は、留置物となりうる「債務者の所有する物」から不動産は除外されておらず、土地についても商事留置権は成立することになりそうである。かりにそうだとすると、土地の競売手続においてCの留置権は買受人に引き受けられるので、買受申出人は土地の評価額から留置権の被担保

債権（ＣがＡに対して有する請負報酬債権）の額を控除した価額でしか買受けの申出をしないはずである。そうすると結局、Ｃの被担保債権が優先的に弁済されうる一方で、Ｂは被担保債権全額の配当を受けられないおそれがある。しかしこの帰結は、更地に１番抵当権の設定を受けていたＢに不測の損害を及ぼすものであり、妥当とはいいがたい。そこで下級審裁判例では、商事留置権の目的物に不動産は含まれないと解することによって商事留置権の成立自体を否定したものがあったが、この解釈は最高裁によって否定された（最判平成29・12・14民集71巻10号2184頁）。また、抵当権設定登記に後れて成立した留置権は抵当権に劣後するとした裁判例もみられたが、これに対しても、抵当権と留置権を対抗関係として処理することは妥当なのか、またかりに留置権が抵当権に劣後するとされた場合にはどのように処遇されるのか（考えられる解決は、抵当権に劣後して配当を受けたうえで留置権は消滅するというものだが、これは留置権に優先弁済効がないとされていることと正面から抵触しないか）、などといった疑問が指摘されている。

4　留置権者の権利義務

(1)　留置物の保管

　留置権者は、留置物を占有するにあたっては、善良な管理者の注意義務（善管注意義務）を尽くさなければならない（298条１項）。また、留置権者は、債務者の承諾を得なければ留置物の使用・賃貸・担保供与を行うこともできない（同条２項）。なお、この承諾は、債務者と留置物の所有者が異なる場合には所有者から得なければならないと解されている。これらに違反した場合には、債務者（所有者）は留置権の消滅を請求することができる（同条３項。5(1)参照）。

　ただし、留置物の保存に必要な使用をする場合には、留置権者は債務者（所有者）の承諾を得る必要はない（同条２項ただし書）。そこで、建物の賃貸借契約の終了後にその建物について留置権を有する元借家人は、「その物の保存に必要な使用」であるとして、所有者の承諾なくそこに居住し続けることができるかが問題となる。かりにこれが認められないとすると、元借家人は建物から退去したうえでこれを留置物として管理しなければならず、かえって負担が重くなりかねない。そこで、この場合には「その物の保存に必要な使用」とし

て、元借家人は継続してその建物に居住することができると解されている。もっとも、元借家人は賃料相当額を不当利得として所有者に返還しなければならないはずであるが、この使用利益も果実と同様に被担保債権の弁済に充当することができると考えられる（297条1項。3(2)参照）。

なお、留置権者が債務者（所有者）から承諾を得て留置物を使用していた場合には、その後に留置物の所有権が移転したとしても、留置権者はこの承諾の効果を新所有者に対抗することができ、新所有者は留置権の消滅を請求することができない（最判平成9・7・3民集51巻6号2500頁）。

(2) 費用償還請求権

留置物について必要費・有益費を支出した留置権者は、所有者にその償還を請求することができる（299条）。そして、これらの債権も留置物と牽連関係を有するので、これを被担保債権とする留置権も認められる。ただし有益費の償還については、所有者の請求により裁判所が相当の期限を許与することがあるが（同条2項ただし書）、その場合には弁済期が到来していないので、この有益費償還請求権を被担保債権とする留置権は成立しない。

5　留置権の消滅

留置権は、物権一般の消滅原因（目的物の滅失など）や担保物権一般の消滅原因（被担保債権の消滅）によって消滅することがあるほか、次のような原因によっても消滅する。

(1) 留置権消滅請求

4(1)でみたように、留置権者が善管注意義務に違反したり、債務者（所有者）の承諾を得ずに留置物の使用・賃貸・担保供与を行った場合には、債務者（所有者）は留置権の消滅を請求することができる（298条3項）。条文では消滅請求の主体は「債務者」となっているが、債務者と留置物の所有者が異なる場合には、所有者にも消滅請求権が認められる。また、これは形成権であり、債務者（所有者）の意思表示によって留置権は当然に消滅する。

(2) 代担保の提供

債務者は、留置物の代わりに相当の担保を供することにより、留置権の消滅を請求することができる（301条）。留置物の価値が被担保債権額を大きく上回るような場合や、留置物が債務者にとって必要不可欠なものである場合などにこの制度の実益がある。代わりに提供される担保は物的担保でも人的担保（保証）でもよい。ただし、(1)の留置権消滅請求とは異なり、この請求には留置権者の承諾が必要である。

(3) 占有の喪失

留置権は、目的物を留置（占有）することによって間接的に被担保債権の弁済を促すものだから、留置権者がその占有を失えば留置権も消滅する（302条）。ただし、留置権者が占有回収の訴え（200条）によって占有を回復すれば、占有は失われなかったことになるので（203条ただし書）、この場合には留置権も消滅しない。なお、留置物を賃貸・質入れしても留置権者には間接占有が残るので、留置権は消滅しない（302条ただし書）。

(4) 破産手続との関係

破産手続において、民事留置権と商事留置権は異なる規律に服する。まず、民事留置権は、目的物所有者の破産手続開始によって失効する（破66条3項）。したがって、留置権者は破産管財人からの引渡請求を拒むことができない。他方、商事留置権は、破産手続においては特別の先取特権とみなされて優先弁済効を付与され、別除権として扱われる（破66条1項）。もっとも、破産法上は、この場合に商事留置権の留置的効力がどうなるかが明らかではない。「先取特権とみなす」という文言を「先取特権に転化する」と解すれば、留置的効力は失われ、その代わりに優先弁済効が与えられるということになりそうだが、判例には留置的効力がなおも存続することを認めたものがある。

事項索引

あ
明渡猶予……………………………75～
異時配当……………………………71
一括競売……………………………94～
一般債権者……………………………2
一般先取特権……………………166～, 171
受戻権…………………………138～, 148
売渡担保……………………………133

か
買受人………………………………61
会社更生手続………………………60
果実…………………………………33
価値権説……………………………21～, 45
仮登記担保………………………126, 145～
代担保（かわりたんぽ）……………190
簡易な弁済充当……………………121
元本確定期日………………………111
企業担保……………………………20～
帰属清算……………………………138～
共同質入説…………………………120
共同担保……………………………11
共同抵当……………………18, 24, 68～
極度額………………………………110
――減額請求権……………………112
形式競売……………………………187
競売開始決定………………………61
権利質………………………………122～
公示の原則…………………………16
工場抵当……………………………20～, 36
更生担保権……………………60, 145, 154
個別価値考慮説……………………86

さ
債権質………………………………122～
債権者平等の原則…………2, 59, 165～
債権譲渡……………………54～, 156, 175
債権譲渡担保………………………155～
――の対抗要件……………………158～
債権譲渡登記………………………159～
財団抵当……………………………20～
債務名義……………………………2, 61, 67
先取特権……………………………5, 165～
自己借地権…………………………80, 89
質権…………………………………6, 113～
質物質入説…………………………120
自働債権……………………………161
収益的効力…………………………6
集合債権譲渡担保………………134～, 156～
集合物………………………………134～
集合物論……………………………135
従たる権利…………………………33, 88
従物…………………………………29～
受働債権……………………………161
順位昇進の原則……………………19, 108
消除主義……………………………63
商事留置権………………178, 187, 190
承諾転質……………………………120
譲渡担保……………………7, 125～, 130～
将来債権譲渡………………………157～
処分清算……………………………138～
所有権的構成……………129, 132, 150～
所有権留保………………………127, 150～
人的担保……………………………11
随伴性………………………………13, 109
清算義務……………………………128
責任転質……………………………120
全体価値考慮説……………………86
占有担保……………………………8
増価競売……………………………100
相殺……………………………56～, 161～
――適状……………………………162
――予約……………………………163

た

- 代価弁済……………………………………97～
- 第三債務者保護説…………………………52, 57～
- 第三者異議の訴え…………………143, 145, 154
- 第三者弁済……………………………………96～
- 第三取得者………………………9～, 22, 29, 73, 96～
- 代替的物上代位………………………………46
- 代担保（だいたんぽ）
  → 代担保（かわりたんぽ）
- 代理受領……………………………………164
- 短期賃貸借保護制度………………………38, 76
- 担保価値維持義務……………………………44, 123
- 担保権の構成…………………………129, 132, 150～
- 担保物権……………………………………1
- 担保不動産競売………………………………61～
- 担保不動産収益執行………………………34, 48, 65～
- 追及効………………………………9, 26, 47, 172
- 通有性………………………………………12
- 抵当権………………………………………6, 16～
  - ——消滅請求………………………………98～
  - ——侵害……………………………………37～
  - ——の時効による消滅……………………106～
  - ——の順位の譲渡…………………………102～
  - ——の順位の変更…………………………104～
  - ——の順位の放棄…………………………102～
  - ——の譲渡…………………………………102～
  - ——の消滅…………………………………105～
  - ——の処分…………………………………100～
  - ——の設定…………………………………22
  - ——の登記…………………………………24～
  - ——の被担保債権…………………………23, 27～
  - ——の放棄…………………………………102～
  - ——の優先弁済効…………………………58～
- 同意による対抗制度…………………………78
- 抵当直流（ていとうじきながれ）………59
- 滌除（てきじょ）…………………………100
- 典型担保……………………………………4
- 転質………………………………………119～
- 転抵当……………………………………101～
- 転付命令…………………………………50～, 55
- 動産競売手続………………………………170
- 動産債権譲渡特例法………………………134, 160
- 動産先取特権………………………………167～
- 動産質………………………………………115～
- 動産譲渡登記………………………………134
- 動産抵当……………………………………20
- 同時配当……………………………………71
- 同時履行の抗弁権…………………………177
- 特定性維持説…………………………………51～
- 特定の原則……………………………………17～
- 特別先取特権………………………………166, 170
- 特権説…………………………………………45

な

- 流質契約の禁止（ながれしちー）………121
- 任意売却……………………………………59
- 根抵当権……………………………………108～
  - ——消滅請求権……………………………112
  - ——の確定…………………………………111～

は

- 売却基準価額…………………………………61
- 配当要求……………………………………145, 170
- 破産手続……………………………………60
- 派生的物上代位………………………………46
- 引受主義……………………………………63
- 引換給付判決…………………………………184
- 非占有担保……………………………………6, 8
- 被担保債権……………………………………1
- 非典型担保…………………………………7, 125～
- 人質…………………………………………115
- 付加一体物………………………………29～, 37
- 不可分性……………………………………14
- 付合物………………………………………29～
- 付従性………………………………………12, 23, 109
- 物上代位………………34, 44～, 65～, 136～, 174～
  - ——のための差押え…………………………50～
- 物上代位性…………………………………14, 44
- 物上保証人………………………………22, 29, 71～
- 物的担保……………………………………11
- 不動産先取特権……………………………169～
- 不動産質……………………………………115～
- 振込指定……………………………………164
- 分析論………………………………………135

分離物‥‥‥‥‥‥‥‥‥‥‥‥‥‥‥ 34〜
別除権‥‥‥‥‥‥‥‥‥‥‥ 60, 145, 154
包括根抵当‥‥‥‥‥‥‥‥‥‥‥‥ 109
法定担保物権‥‥‥‥‥‥‥‥‥ 4, 165〜
法定地上権‥‥‥‥‥‥‥‥‥‥‥‥ 79〜
保証人‥‥‥‥‥‥‥‥‥‥‥‥‥ 10, 22

ま ——————————————
増担保請求（ましたんぽー）‥‥‥‥ 44
民事再生手続‥‥‥‥‥‥‥‥‥‥‥ 60
無剰余措置‥‥‥‥‥‥‥‥‥‥‥‥ 64

や ——————————————
約定担保物権‥‥‥‥‥‥‥‥‥‥‥‥ 6
優先権保全説‥‥‥‥‥‥‥‥‥‥‥ 51〜
優先弁済的効力（優先弁済効）‥‥ 2, 58〜

ら ——————————————
留置権‥‥‥‥‥‥‥‥‥‥ 4, 142, 176〜
　　——消滅請求‥‥‥‥‥‥‥‥‥ 189
留置的効力‥‥‥‥‥‥‥‥‥‥‥‥‥ 4
流動動産譲渡担保‥‥ 135〜, 144, 153〜, 173
立木抵当（りゅうぼく—）‥‥‥‥‥ 20

●著者紹介

田髙寛貴（ただか・ひろたか）
慶應義塾大学法学部教授
名古屋大学大学院法学研究科博士課程単位取得退学（1996年）、博士（法学）
[第2章ⅡⅢ・第4章Ⅰ～Ⅳ・第5章Ⅰ]

『クロススタディ物権法──事案分析をとおして学ぶ』（日本評論社、2008年）
『事例から民法を考える』（共著、有斐閣、2014年）など

白石　大（しらいし・だい）
早稲田大学大学院法務研究科教授
早稲田大学大学院法学研究科博士課程単位取得退学（2010年）、博士（法学）
[第2章ⅣⅤⅨ・第4章Ⅴ・第5章Ⅱ]

「将来債権譲渡の対抗要件の構造に関する試論」早稲田法学89巻3号（2014年）
『民法3債権総論 判例30！』（共著、有斐閣、2017年）など

鳥山泰志（とりやま・やすし）
東北大学大学院法学研究科教授
一橋大学大学院法学研究科博士課程修了（2006年）、博士（法学）
[第1章・第2章ⅠⅥ～Ⅷ・第3章]

「抵当本質論の再考序説(1)～(6・完)」千葉大学法学論集23巻4号～25巻4号（2009年～2011年）
『民法2物権 判例30！』（共著、有斐閣、2017年）など

日本評論社ベーシック・シリーズ＝NBS

担保物権法［第 2 版］
（たんぽぶっけんほう）

2015年 4 月20日第 1 版第 1 刷発行
2019年 4 月10日第 2 版第 1 刷発行
2022年12月30日第 2 版第 3 刷発行

著　者────田髙寛貴・白石　大・鳥山泰志
発行所────株式会社　日本評論社
　　　　　　〒170-8474　東京都豊島区南大塚3-12-4
電　話────03-3987-8621（販売）
振　替────00100-3-16
印　刷────精文堂印刷株式会社
製　本────株式会社難波製本
装　幀────図工ファイブ

検印省略　©H.Tadaka, D.Shiraishi, Y.Toriyama　　ISBN 978-4-535-80687-0

〈(社)出版者著作権管理機構　委託出版物〉本書の無断複写は著作権法上での例外を除き禁じられています。複写される場合は、そのつど事前に、(社)出版者著作権管理機構（電話 03-5244-5088、FAX 03-5244-5089、e-mail: info@jcopy.or.jp）の許諾を得てください。また、本書を代行業者等の第三者に依頼してスキャニング等の行為によりデジタル化することは、個人の家庭内の利用であっても、一切認められておりません。

日評ベーシック・シリーズ 大学教科書の新定番!

大学で始まる「学問の世界」。講義や自らの学習のためのサポート役として基礎力を身につけ、思考力、創造力を養うために随所に創意工夫がなされたテキストシリーズです。

特徴
1. 学習の魅力を読者に提供する「読む楽しさ」を追求した教科書!
2. 実力ある執筆陣が参加!
3. 基礎をしっかり身に付けられる!

●すべてA5判

憲法I 総論・統治 [第2版] 憲法II 人権 [第2版]
新井 誠・曽我部真裕・佐々木くみ・横大道 聡 [著]

憲法の基本が深く理解できる教科書。判例・学説それぞれの考え方を丁寧に解説し、憲法学の世界に読者を誘う。
●各定価2,090円(税込)

行政法
下山憲治・友岡史仁・筑紫圭一 [著]

統一法典がなくイメージがつかみにくい行政法の全体像、基本的な制度、通説・判例の考え方を、具体的にイメージできるように丁寧に解説。
●定価1,980円(税込)

民法総則 [第2版]
原田昌和・寺川 永・吉永一行 [著]

相続分野や所有者不明土地に関わる民法改正などを反映しつつ、さらに分かりやすい記述へのアップデートを図った定番の教科書。
●定価1,980円(税込)

物権法 [第3版]
秋山靖浩・伊藤栄寿・大場浩之・水津太郎 [著]

相続法分野や所有者不明土地に関わる民法改正に対応した第3版。教材に、独習に最適な教科書。
●定価1,870円(税込)

担保物権法 [第2版]
田髙寛貴・白石 大・鳥山泰志 [著]

初学者でも読んで分かるように配慮した教科書。担保物権法の根幹を理解させることを目標に、読者を学習することの魅力へ誘う。
●定価1,870円(税込)

債権総論
石田 剛・荻野奈緒・齋藤由起 [著]

民法の債権総論分野を基礎から丁寧に解説する教科書。難しい制度や概念も、無理なく理解できるよう分かりやすく叙述する。
●定価2,090円(税込)

契約法
松井和彦・岡本裕樹・都筑満雄 [著]

民法を初めて勉強する人でも無理なく通読でき、基本をしっかり習得できる教科書。債権法改正で変わったところも分かりやすく解説。
●定価2,090円(税込)

事務管理・不当利得・不法行為
根本尚徳・林 誠司・若林三奈 [著]

基礎・基本からしっかり学べるNBS民法最後の1冊。考え方の基本から解きほぐし、曖昧な理解に陥らないよう記述を徹底した決定版!
●定価2,090円(税込)

家族法 [第3版]
本山 敦・青竹美佳・羽生香織・水野貴浩 [著]

学習の魅力を読者に提供する「読む楽しさ」を追求した教科書。改正相続法の完全施行を踏まえ、益々充実の第3版。
●定価1,980円(税込)

会社法
伊藤雄司・笠原武朗・得津 晶 [著]

会社法の全体像(仕組み・制度)を理解することを意識し、会社法の"基本"をメリハリをつけて解説。
●定価1,980円(税込)

刑法I 総論 刑法II 各論
亀井源太郎・和田俊憲・佐藤拓磨・小池信太郎・藪中 悠 [著]

刑法学の基本的な理解を、内容を厳選し、条文・判例・学説をバランス良く解説した、初学者の学修に配慮した教科書。
●I:定価2,090円(税込)／●II:定価2,200円(税込)

民事訴訟法
渡部美由紀・鶴田 滋・岡庭幹司 [著]

判例・通説の趣旨をわかりやすく記述し、民事訴訟法を学ぶ上で必須の思考法と知識を提供する。講義の教科書として最適。
●定価2,090円(税込)

刑事訴訟法
中島 宏・宮木康博・笹倉香奈 [著]

刑事訴訟法の基本をコンパクトに解説。学習の基礎を体得することに重点を置きつつ、わかりやすい解説で学習をサポートする。
●定価2,200円(税込)

労働法 [第2版]
和田 肇・相澤美智子・緒方桂子・山川和義 [著]

労働法の基礎的な仕組みや考え方が理解できる教科書。2018年「働き方改革関連法」に対応し、新たな裁判例を組み込んだ改訂版。
●定価2,090円(税込)

租税法
浅妻章如・酒井貴子 [著]

大学生に租税法を理解させるためには、を考え抜いた入門的な教科書。読みやすく、わかりやすく、興味を持って読める工夫が満載。
●定価2,090円(税込)

ホームページからも本の検索、ご注文、定期購読のお申し込みができます▷ https://www.nippyo.co.jp/

 日本評論社
〒170-8474 東京都豊島区南大塚3-12-4　TEL:03-3987-8621　FAX:03-3987-8590